Ermel

Cahier de l'élève

MATHS CE1

Cycle des apprentissages fondamentaux

Anita Jabier
Denise Robert

Hatier

Illustrations : Christian Goux
Calligraphie : Nicole Vilette
Cartographie : Édigraphie
Mise en page : Diminfo
Conception graphique : Graphismes

© HATIER - Paris 2001 - ISBN : 978-2-218-73504-2

Avant-propos

Les maîtres qui ont expérimenté les situations présentées dans ***Ermel - Apprentissages numériques et résolution de problèmes***, soit dans le cadre de la recherche, soit après la parution des ouvrages de Grande section, du CP et du CE1, nous ont dit leur difficulté à gérer des progressions riches mais coûteuses en temps de préparation.
C'est pour répondre à cette demande que nous avons conçu, à partir d'**Ermel - Apprentissages numériques au CE1**, de nouveaux outils de travail :

– un **Cahier de l'élève** (avec cinq planches de matériel individuel encartées) qui permet de conserver une trace écrite des différentes activités proposées par ***Ermel*** ;
– des **Numéricartes**, un matériel collectif composé de jeux de cartes numériques, destiné à faciliter la mise en place des activités de calcul mental décrites dans l'ouvrage de référence ;
– un **Guide d'utilisation** pour le maître, dont l'objectif est de faire le lien entre l'ouvrage de référence ***Ermel***, le ***Cahier de l'élève*** et les ***Numéricartes***.

Le ***Cahier de l'élève*** offre aux maîtres, aux parents mais surtout aux élèves, un support sur lequel figurent des énoncés de problèmes, des exercices écrits d'entraînement, de réinvestissement, des jeux et des règles de jeux ainsi que des bilans qui ponctuent les cinq périodes de l'année scolaire. Ces bilans ciblent les connaissances indispensables à acquérir au cours d'une période. L'évaluation en elle-même est permanente : dans les activités présentées par ***Ermel***, il est tenu compte des procédures des élèves et une différenciation est éventuellement indiquée.

Tel qu'il est conçu, le ***Cahier de l'élève*** n'est pas un manuel au sens traditionnel du terme :

– organisé par périodes, par quinzaines et par thèmes, il n'est pas complètement linéaire, assurant ainsi une souplesse d'utilisation que l'on ne trouve pas toujours dans un manuel ;
– tous les énoncés, règles, données, consignes ne figurent pas dans ce cahier, d'où les renvois fréquents à l'ouvrage ***Ermel CE1*** qui reste la référence indispensable ;
– les élèves travaillent sur ce cahier pour répondre aux questions qui leur sont posées mais aussi pour chercher, mettre au point une démarche, effectuer des calculs... ;
– le maître peut y faire figurer d'autres écrits (brouillons, fiches photocopiables, exercices supplémentaires...) en utilisant la marge pour les coller.

Notre objectif sera atteint si l'utilisation conjointe du ***Cahier de l'élève***, des ***Numéricartes*** et du ***Guide d'utilisation***, en liaison avec l'ouvrage de référence, permet une mise en œuvre plus aisée des méthodes d'éducation mathématique préconisées par l'équipe ERMEL/INRP.

Les Auteurs

Comment utiliser le Cahier de l'élève

ORGANISATION DU CAHIER

Le ***Cahier de l'élève*** est organisé en cinq périodes de trois quinzaines chacune.
Chaque période s'ouvre sur le **sommaire** des différentes activités donnant lieu à une trace écrite dans le ***Cahier de l'élève***.

Les activités, issues d'***Ermel***, sont regroupées et se succèdent dans l'ordre des quatre grands thèmes de l'ouvrage de référence. Pour faciliter le repérage, chaque thème est associé, dans le ***Cahier de l'élève***, à une couleur :

- activités du thème « **Problèmes** » ;
- activités du thème « **Calculs additifs et soustractifs** » ;
- activités du thème « **Calculs multiplicatifs et de division** » ;
- activités du thème « **Connaître les nombres** ».

Chaque période se termine sur un **bilan** ciblant les connaissances indispensables à acquérir au cours de la période.

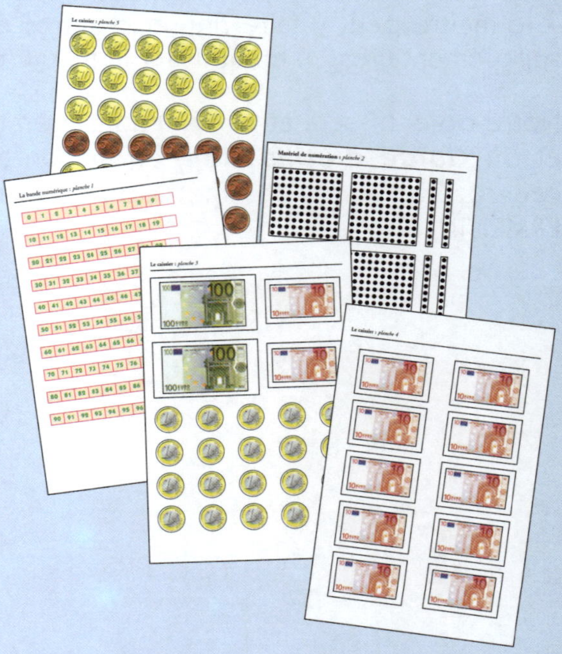

À l'intérieur du ***Cahier de l'élève*** sont encartées **cinq planches de matériel individuel** visant à faciliter l'appropriation de certaines connaissances.
- Planche 1 : la bande numérique ;
- Planche 2 : un matériel de numération ;
- Planches 3, 4 et 5 : des billets et des pièces de monnaie.

QUELQUES REPÈRES

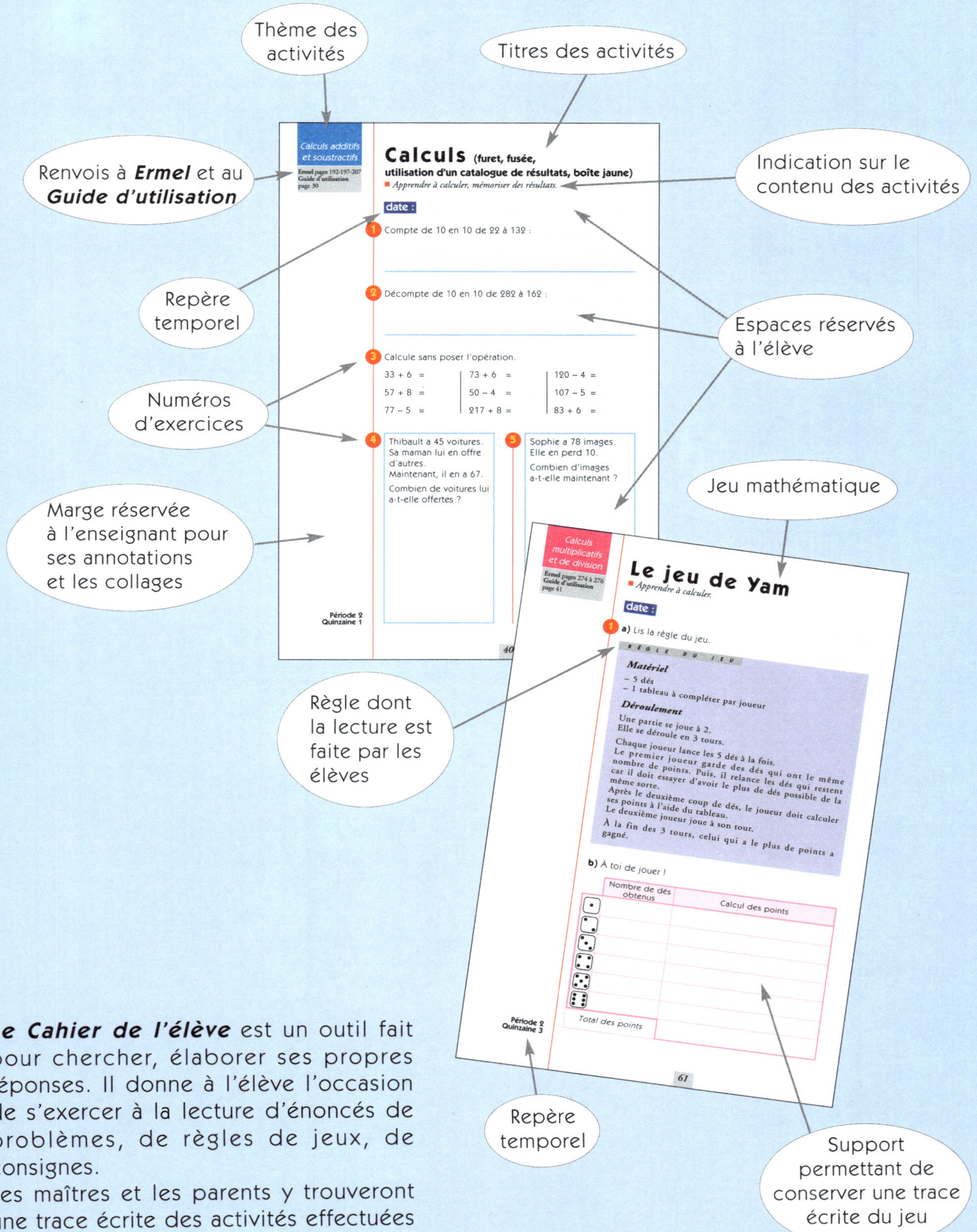

Le Cahier de l'élève est un outil fait pour chercher, élaborer ses propres réponses. Il donne à l'élève l'occasion de s'exercer à la lecture d'énoncés de problèmes, de règles de jeux, de consignes.
Les maîtres et les parents y trouveront une trace écrite des activités effectuées en classe.

Période 1

Quinzaine 1

Quinzaine 2

Quinzaine 3

Ermel p. 53-55
Guide d'utilisation
p. 10

La rentrée

■ *Résoudre un problème.*

date : ....

Lis cet énoncé.

C'est la rentrée.
Il y a ...... élèves dans une classe.
La maîtresse donne des cahiers et des livres.
Chaque élève reçoit 2 cahiers et 1 livre.

Combien de cahiers la maîtresse a-t-elle donnés ?
Combien de livres a-t-elle donnés ?

Problèmes

Ermel p. 55
Guide d'utilisation
p. 10

Le goûter

■ *Résoudre un problème.*

date : ....

Lis cet énoncé.

...... enfants sont réunis pour goûter.
Chaque enfant reçoit 1 gâteau et 4 bonbons.

Combien de gâteaux a-t-on donnés ?
Combien de bonbons a-t-on donnés ?

Période 1
Quinzaine 1

Calculs additifs et soustractifs

Ermel p. 130-132
Guide d'utilisation
p. 10

La boîte jaune

■ *Résoudre des problèmes additifs et soustractifs.*

date : ....

1 Sophie range 15 cubes dans la boîte jaune, puis elle en ajoute 8.

Combien de cubes y a-t-il dans la boîte ?

2 Il y a des perles dans une boîte. Sonia met 7 perles dans la boîte. Maintenant, il y a 34 perles en tout.

Combien de perles y avait-il dans la boîte avant ?

3 Dimitri a 15 billes dans sa sacoche.
Il en donne 6 à son copain.

Combien de billes Dimitri a-t-il maintenant ?

Période 1
Quinzaine 1

Calculs additifs et soustractifs

Ermel p. 188-189
Guide d'utilisation
p. 11

Le labynombre

■ *Mémoriser les décompositions de 10.*

date : ....

Colorie un chemin qui ne passe que par les cases de 10 points.

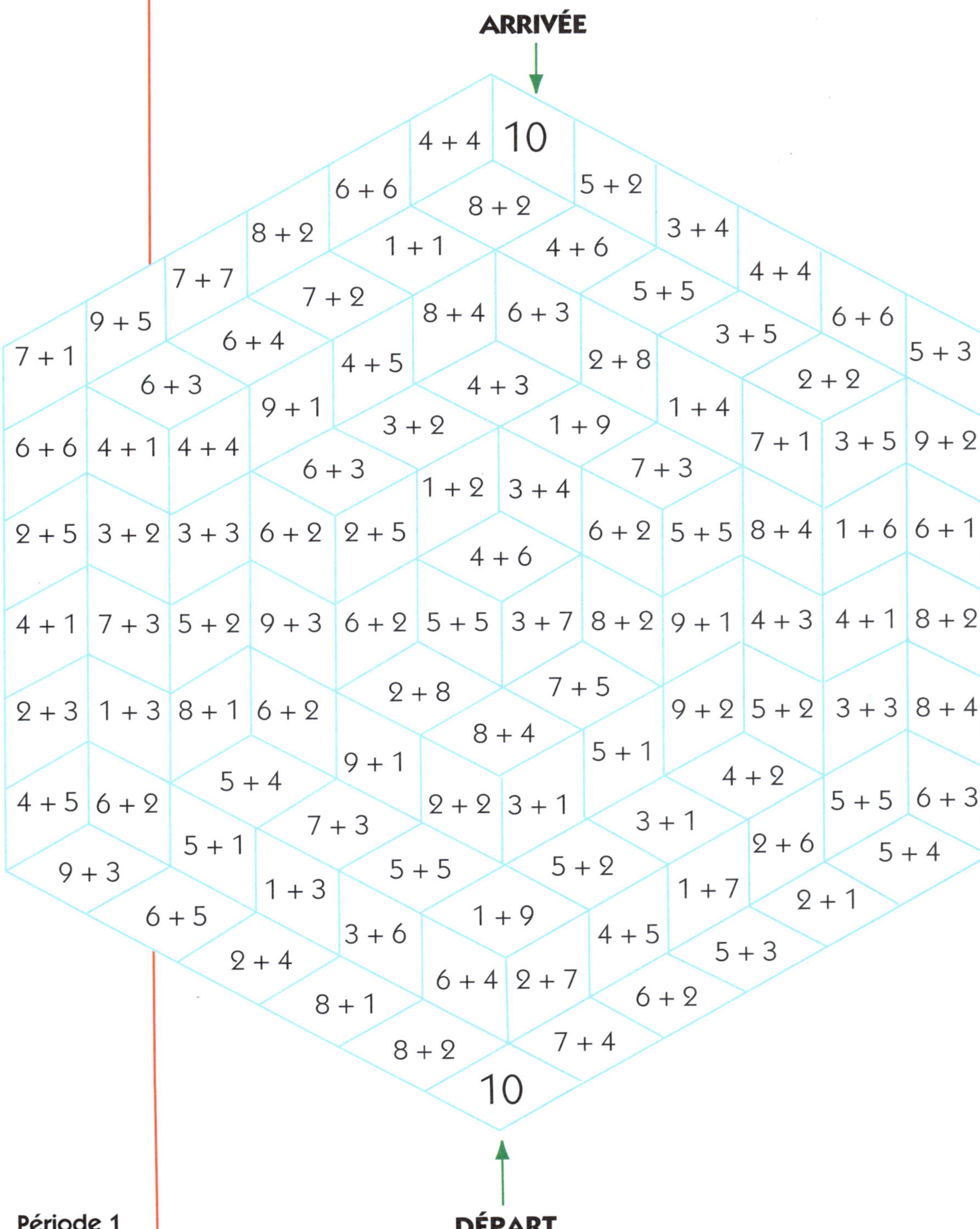

Période 1
Quinzaine 1

Ermel p. 225-227
Guide d'utilisation p. 11

Les bons de commande

■ *Connaître la technique opératoire de l'addition.*

date : ....

1 Cherche combien de graines les petites filles ont en tout.

Karine a commandé 105 graines.
Maryne a commandé 83 graines.

2 Pierre achète un sac à dos à 45 **5** et des rollers à 38 **5**.

Période 1
Quinzaine 1

date : …n va-il payer en tout ?

3

34 + 24 =	35 + 45 =
73 + 44 =	213 + 123 =
103 + 24 + 214 =	432 + 135 + 245 =

Connaître les nombres

Ermel p. 362-363
Guide d'utilisation p. 12

La bande numérique

■ *Comprendre la suite écrite des nombres.*

date : ....

● Complète ces morceaux de bande numérique.

	40					45	46			

			70			73					

						100					

											92

Connaître les nombres

Ermel p. 363-364
Guide d'utilisation p. 12

Le rouleau des nombres

■ *Comprendre la suite écrite des nombres.*

date : ....

1 Complète ces parties du rouleau des nombres.

		58
97		
	110	

Période 1
Quinzaine 1

date : ....

2 Un nombre est dans la famille des trente. Il se termine par 5.
Quel est ce nombre ? ......

3 Il se termine par 4. Il est dans la famille des 90.
Quel est-ce nombre ? ......

4 Il est entre 120 et 130. Il se termine par un huit.
Quel est ce nombre ? ......

Connaître les nombres

Ermel p. 361
Guide d'utilisation p. 12

Les comptines numériques

■ *Mémoriser la suite des nombres.*

date : ....

1 Compte de 2 en 2 de 0 à 40.

....

....

2 Compte de 5 en 5 de 0 à 50.

....

....

Connaître les nombres

Ermel p. 361
Guide d'utilisation p. 12

3 Écris le nombre qui vient juste avant et celui qui vient juste après.

......	40	......	......	70	......	......	54	......
......	29	......	......	65	......	......	80	......

Connaître les nombres

Ermel p. 361-362
Guide d'utilisation p. 12

Le jeu du furet

■ *Mémoriser la suite des nombres.*

date : ....

1 Relie les points de 1 à 38 puis relie de 39 à 81.

Période 1
Quinzaine 1

date : ....

2 Compte de 2 en 2 de 1 à 21.

....

....

3 Compte de 10 en 10 de 0 à 100.

....

....

4 Compte de 10 en 10 de 3 à 103.

....

....

5 Trouve l'erreur et barre-la.

a) 15 - 25 - 35 - 44 - 55 - 65 - 75

b) 48 - 50 - 52 - 54 - 56 - 57 - 58

c) 85 - 84 - 83 - 82 - 81 - 80 - 78

6 Trouve la règle et continue.

a) 14 - 16 - 18 - 20 - ...... - ...... - ...... - ...... - ...... - ......

b) 74 - 64 - 54 - 44 - ...... - ...... - ...... - ...... - ...... - ......

c) 95 - 100 - 105 - 110 - ...... - ...... - ...... - ...... - ...... - ......

Problèmes

Ermel p. 56-57
Guide d'utilisation
p. 16

Les voitures

■ *Résoudre un problème.*

date : ....

1 Lis cet énoncé.

...... voitures sont transportées dans des wagons.
Chaque wagon peut contenir ...... voitures.

Combien de wagons faut-il pour transporter toutes les voitures ?

date : ....

2 Lis cet énoncé.

La pâtissière

La pâtissière doit livrer ...... tartes.
Elle les place dans des boîtes. Chaque boîte peut contenir ...... tartes.

Combien de boîtes faut-il pour livrer toutes les tartes ?

Période 1
Quinzaine 2

Calculs additifs et soustractifs

Ermel p. 132-134
Guide d'utilisation
p. 16

La boîte jaune

■ *Savoir résoudre des problèmes additifs et soustractifs.*

date : ....

1 Paul met 28 cubes dans une boîte. Puis il en remet 34.
Combien de cubes y a-t-il dans la boîte maintenant ?

2 Il y a 43 cubes dans une boîte. Maxime en retire 24.
Combien de cubes y a-t-il dans la boîte maintenant ?

Calculs additifs et soustractifs

Ermel p. 136
Guide d'utilisation
p. 16

Le nombre pensé

■ *Savoir résoudre des problèmes additifs et soustractifs.*

date : ....

1 Je pense à un nombre. Je lui ajoute 7. Je trouve 19.
Quel est ce nombre ? Écris ta réponse : ......

2 Je prends le nombre 16. Je lui ajoute 25.
Je trouve : ......

Période 1
Quinzaine 2

Ermel p. 177, 183, 204
Guide d'utilisation p. 17

Calculs (loto, dominos, utilisation d'un catalogue de résultats)

■ *Mémoriser des résultats.*

date : ....

1 Calcule.

5 + 2 = ...	5 + 5 = ...	9 – 4 = ...
4 + 4 = ...	7 + ... = 10	8 – 3 = ...
5 + 3 = ...	2 pour aller à 10 = ...	6 = 5 + ...
9 = 5 + ...	6 + ... = 10	10 – 5 = ...
7 = 5 + ...	6 pour aller à 12 = ...	...... + 3 = 10
10 = 8 + ...	5 pour aller à 9 = ...	7 – 4 = ...

2 Relie toutes les écritures égales à 10.

6 + 1 · 10 · 2 + 4 · 4 + 4

6 + 4 · 7 + 3 · 8 + 2

5 + 5 · 4 + 5 · 9 + 1

3 Colorie tout ce qui fait 9.

9 · 6 + 2 · 2+3+4

7 + 2 · 8 +1 · 3 + 4

4 + 2 · 6 + 3 · 4 + 5

4 Complète les égalités.

6 + 4 = 7 + ... = ...	...... + ... = 12 = 5 + ...
10 + ... = 7 + 7 = ...	5 + 6 = ... = ... + ...

Ermel p. 189-191
Guide d'utilisation
p. 18

Le puzzle

■ *Mémoriser les décompositions de 6, 7, 8, 9, 10.*

date : ....

Colorie certaines cases en suivant la règle de coloriage :

10 en ■ 9 en ■ 8 en ■ 7 en ■ 6 en ■ 5 en ■

2-1	4-2	7 - 6	8-7	7-7	6+4	5+5	4+6	8+10	10 + 9	10+9	7+10	de3 à 14	6+10	de2 à 13
de4 à 6	de3 à 4	3+10	7+5	8+4	5+4	10 -1	18-9	de9 à 18	4+5	10-6	10-7	10+5	de 5 à 16	6+5
7+7	8+8	9+9	10-9	10-8	16-8	9+1	5+3	1+9	3+5	10-8	10-5	5+6	10 -9	de4 à 15
6+6	10+10	7-6	8-8	4+6	4+3	5+2	2+5	10-3	3+4	7+3	10-6	10+ 4	de 10 à 13	de 6 à 17
5-2	4-3	9-9	5-2	6+5	4+2	8+2	10+ 0	3+7	2+4	10 -9	10+10	9+2	10+ 3	de 8 à 19
5-1	10 -10	4-1	5-3	11+0	5	4+1	1+4	2+3	3+2	7+4	10 -2	8+3	de 7 à 9	2+9
4-1	0+12	4-2	3-1	7-4	7-5	7+6	1+9	7+7	7+8	7+9	7+10	10+1	10+ 2	7-6
3-3	6-2	7+3	8+2	1+9	4+3	3+5	10-3	16-8	2+5	4+6	10+0	9+1	13-1	4-4
4-2	8-4	3+3	12-6	13-2	10 -1	10-3	3+7	1+6	5+4	7+4	10-5	3+2	5-5	12-1
2-1	6-3	8-2	5+1	8+3	5+3	5+5	5+2	2+8	10-2	8+3	4+1	2+3	11-10	6-6
de 3 à 6	3-1	de 6 à 12	4+2	7+7	18-9	6+1	4+6	10-3	4+5	13-2	de 5 à 10	0+5	7-7	9-7
4-1	10+10	10-4	3+3	4+9	10 -3	16-8	10 -3	3+5	6+1	15-2	7-2	8-3	9-8	3-1
de 2 à 4	de 3 à 5	4+2	12-6	7+4	9+3	10-8	1+9	10-9	9+9	8+8	6-1	1+4	4-2	8-6
10 -8	6-2	4+6	7-5	2+8	10-5	5+1	2+3	3+3	4+3	6+4	7-4	2+8	9-7	2+9
8-4	6-2	de 4 à 8	8+3	5+2	3+3	4+1	7-2	8-3	9-4	6-1	10+1	7-6	2+2	3+10
9+2	7+5	6+5	7+4	4+1	de 5 à 10	2+2	1+3	1+2	3+3	10-4	de 3 à 14	4+10	7-7	de 2 à 13
8+3	7+4	6+6	9+2	6-1	8-3	7+4	6+5	9+2	5+1	3+3	de 5 à 16	8-4	de 5 à 16	9-6
8-8	7+7	13-2	12-8	3+2	1+4	6+ 6	8+3	7+7	4+2	de 6 à 12	9-8	de 4 à 15	8-5	8+5
de 7 à 18	2-1	9+9	10+10	10 -5	0+5	10+1	9+6	6+5	12-6	10 -4	de 6 à 17	9-5	10+2	8-6
de 2 à 4	8+8	7-5	9+1	2+8	6+4	5+6	7-4	7-3	2+8	0+10	3+7	8-7	8+4	8+3

Ermel p. 364-366
Guide d'utilisation p. 18

Le tableau des nombres

■ *Comprendre la suite écrite des nombres.*

date : ....

1 Écris les nombres dans les cases rouges.

0	1	2	3	4	5	6	7	8	9
10	☐	12	13	14	15	16	17	18	19
20	21	22	23	24	25	☐	27	28	☐
30	31	32	33	☐	35	36	37	38	39
40	☐							☐	
50				☐					
60									☐
70							☐		
80			☐		☐				
90	☐							☐	

2 Écris le nombre qui vient juste avant et celui qui vient juste après.

...... - 39 - ......
...... - 54 - ......
...... - 70 - ......

...... - 84 - ......
...... - 79 - ......
...... - 100 - ......

...... - 49 - ......
...... - 90 - ......
...... - 60 - ......

3 Complète.

58 - 59 - ...... - ......
78 - 79 - ...... - ......
85 - ...... - ...... - ......
89 - ...... - ...... - ......

...... - ...... - 70 - ......
...... - 90 - 91 - ......
110 - ...... - ...... - ......
...... - 99 - 100 - ......

4 Écris les nombres dans les cases rouges.

0	1	2	3	4	5	6	7	8	9
10									
20									
30									
40									
50									
60									
70									
80									
90									

5 Écris les nombres dans les cases rouges.

0	1	2	3	4	5	6	7	8	9

Ermel p. 364-366
Guide d'utilisation p. 18

date : ....

6 Voici des extraits de tableaux des nombres.
Écris les nombres dans les cases rouges.

a)

0						
10						
20						
30						
40						

b)

0	1	2	3	4	5	6

c)

60						
70						
80						
90						

d)

		14		

e)

	31					

date : ....

7 Le nombre écrit en rouge est bien placé. Barre l'intrus.

	16	17				
			29			
	36					

8 Le nombre écrit en rouge est bien placé. Barre les intrus.

a)

		35	36	37	
	45				
				57	
					88

b)

31		33		35	36
			54		46
51					56
					86

9 Le nombre 53 est bien placé. Entoure en rouge tous les nombres du tableau qui sont à leur place.

	53		45		58	
		64		67		68
72	73					78
	83		86		88	

Problèmes

Ermel p. 59-60
Guide d'utilisation
p. 24

Le restaurant scolaire

Sélectionner des informations.

date : ....

1 Lis cet énoncé.

Combien d'élèves mangent à la cantine dans cette école maternelle ?

Dans la classe des petits, il y a 25 élèves :
8 élèves mangent à la cantine.
Dans la classe des moyens, il y a 10 élèves qui mangent à la cantine.
Dans la classe des grands, il y a 30 élèves :
le maître et 12 élèves mangent à la cantine.

Période 1
Quinzaine 3

date : ....

2 Lis cet énoncé.

L'étude

Cherche combien d'élèves restent à l'étude le soir.

Il y a 68 élèves à l'école Molière.
Au CP, il y a 21 élèves ; 15 restent à l'étude.
Au CE, 13 élèves restent à l'étude.
Au CM, il y a 25 élèves et 21 restent à l'étude.

Ermel p. 137-139
Guide d'utilisation p. 24

Problèmes à énoncés

■ *Résoudre des problèmes additifs et soustractifs.*

date : ....

1 Il y a 32 cubes dans la boîte. Cédric ajoute 14 cubes dans la boîte, puis Stéphane en ajoute 12.

Combien de cubes y a-t-il en tout ?

2 Des voitures sont restées garées toute la nuit dans un parking. Le lendemain matin, 26 voitures sont rentrées dans le parking. Maintenant, il y a 48 voitures.

Combien de voitures y avait-il dans le parking pendant la nuit ?

3 Combien d'élèves y a-t-il à l'école des Buissons ?

On sait qu'il y a :
– 3 classes de 25 élèves chacune ;
– 1 classe de 30 élèves ;
– 1 classe de 20 élèves ;
– 2 classes de 23 élèves chacune.

Ermel p. 194-197
Guide d'utilisation p. 25

La table de Pythagore

■ *Structurer le répertoire additif.*

date : ....

1 Complète la table avec tes camarades.

+	0	1	2	3	4	5	6	7	8	9
0										
1				4						
2										
3										
4			6							
5							11			
6										
7										
8										
9									17	

date : ....

2 Calcule les résultats des cases vertes.

a)

+	6	7	8	9
4				
3				
2				

b)

+	5	6	7	8
2				
3				
4				
5				

Ermel p. 228
Guide d'utilisation p. 25

Calculs de sommes

■ *Connaître la technique opératoire de l'addition.*

date : ....

Calcule les opérations suivantes.

42 + 37 =

312 + 305 =

73 + 46 + 17 =

204 + 36 =

321 + 35 + 104 =

516 + 132 + 36 =

Période 1
Quinzaine 3

Ermel p. 366-367
Guide d'utilisation p. 26

Autres jeux de portrait

■ *Traiter des informations.*

date : ....

1 Le nombre cherché est dans cette liste.

806 - 326 -782 - 406 - 886

Trouve-le à l'aide des informations données.
– Est-ce qu'il a un 0 ? Non.
– Est-ce qu'il se termine par 6 ? Oui.
– Est-ce que le chiffre du milieu est 8 ? Oui.

Écris ce nombre : ......

2 Le nombre cherché est dans cette liste.

491 - 91 - 601 - 306

Trouve-le à l'aide des informations données.
– Est-ce qu'il a un 1 ? Oui.
– Est-ce qu'il a un 9 ? Non.

Écris ce nombre : ......

3 Qui mange la glace de Romain ?
Pour le savoir, relie les nombres pairs de 2 à 136.

Connaître les nombres

Ermel p. 375-377
Guide d'utilisation p. 26

La droite numérique

■ *Savoir placer des nombres sur une droite.*

date : ....

1 Place et écris les nombres sur la droite.

59 - 64 - 67 - 71

2 Place et écris les nombres sur la droite.

79 - 83 - 87 - 85

3 Place et écris les nombres sur la droite.

45 - 78 - 99 - 32 - 18

4 Place et écris les nombres sur la droite.

37 - 54 - 16 - 75 - 101

Période 1
Quinzaine 3

Connaître les nombres

Ermel p. 396-400
Guide d'utilisation
p. 26

Les billes

■ *Avoir recours à un outil pour comparer des distances.*

date : ....

1 (La consigne de cette activité sera donnée par le maître.)

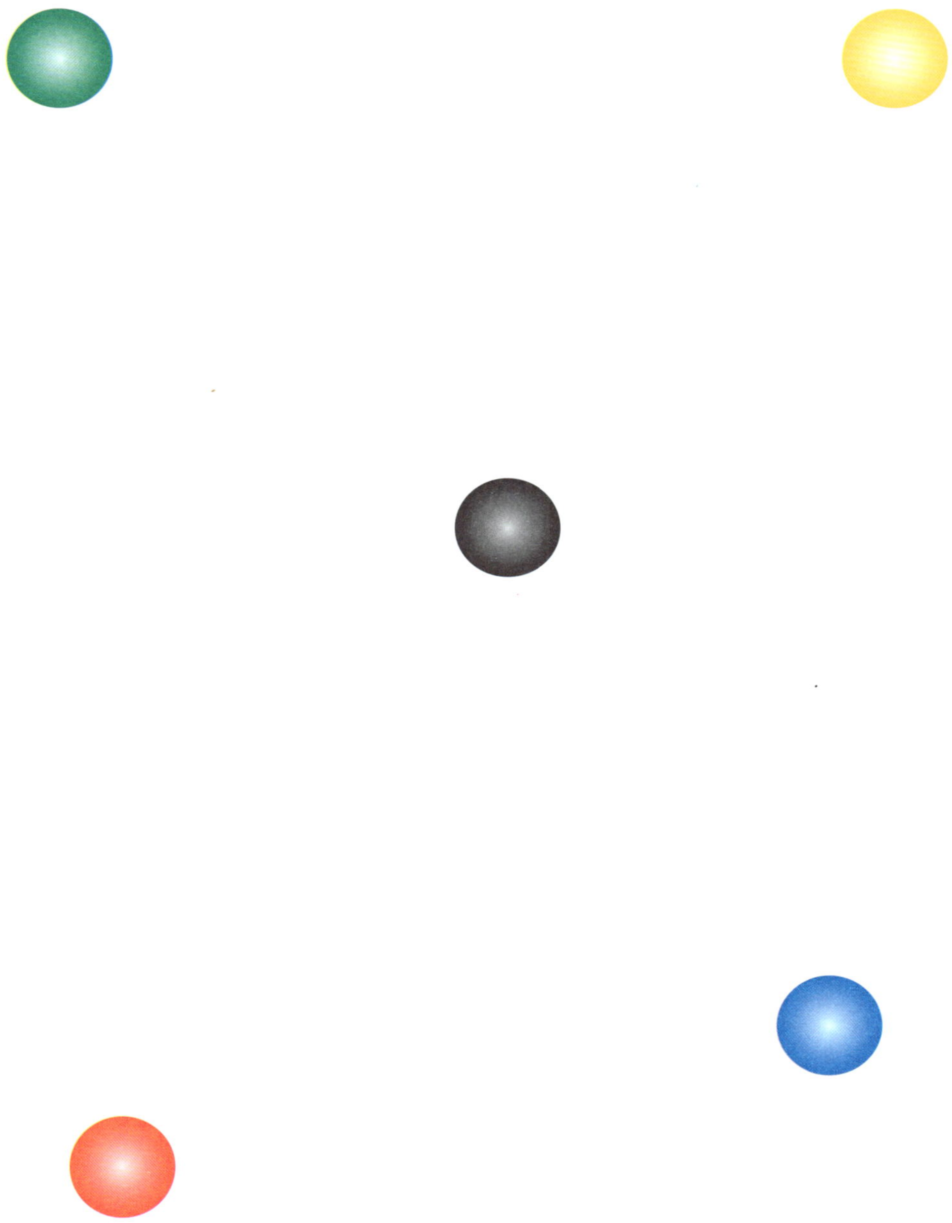

Période 1
Quinzaine 3

Ermel p. 396-400
Guide d'utilisation p. 26

date : ....

2 Entoure le point le plus proche de la croix et cherche un moyen de vérifier ta réponse.

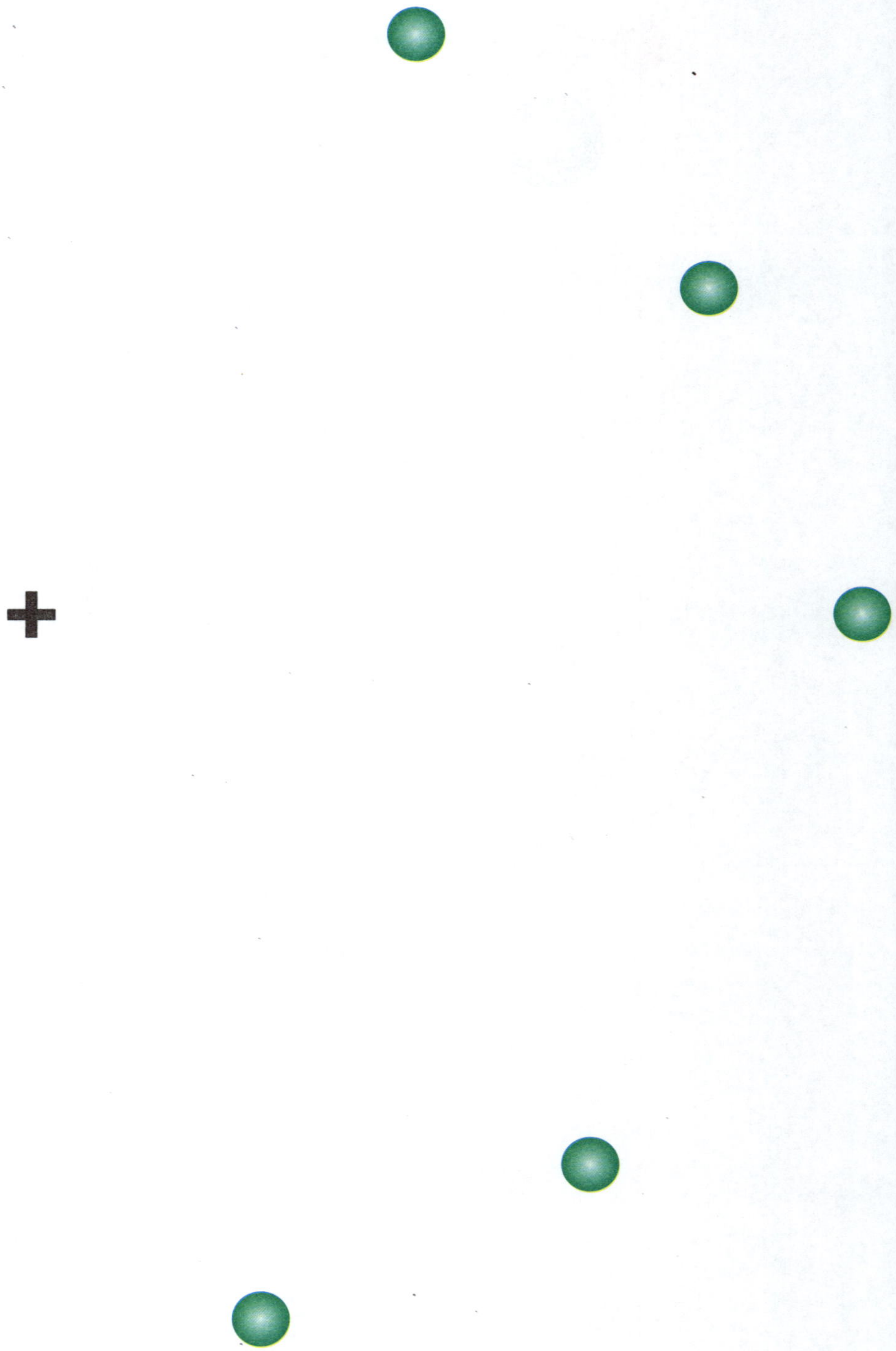

Période 1
Quinzaine 3

Bilan 1

1 Damien range 25 cubes dans la boîte. Puis il en ajoute 17.

Combien de cubes y a-t-il dans la boîte ?

2 Il y a des billes dans une boîte. Anaïs en ajoute encore 12. Maintenant, il y a 36 billes en tout.

Combien de billes y avait-il dans la boîte avant ?

3 Florian a 65 images dans sa pochette. Il en donne 12 à son copain.

Combien d'images Florian a-t-il maintenant ?

4 Pose et effectue les additions.

21 + 35 =

35 + 25 + 15 =

409 + 152 =

321 + 39 + 107

Bilan 1

5 **a)** Compte de 2 en 2 de 4 à 36.

....

....

b) Compte à l'envers de 70 à 50.

....

....

6 Écris le nombre qui vient juste avant et celui qui vient juste après.

......	30	......

......	90	......

......	50	......

......	70	......

7 Calcule.

8 + 8 = ...

7 + 3 = ...

10 = 2 + ...

8 + 4 = ...

9 – 5 = ...

7 – 2 = ...

10 + 2 = ...

9 – 3 = ...

8 Colorie tout ce qui fait 5 en jaune et tout ce qui fait 10 en bleu.

8 + 3	7 + 3	2 + 2 + 1
1 + 8 + 1	5 + 3 + 4	2 + 3
3 + 3	2 + 2 + 2	5 + 5
9 + 2	4 + 2	6 + 4
6 + 3	4 + 3 + 3	2 + 2 + 6
2 + 8	1 + 5	5 + 0
1 + 1 + 3	5 + 6	7 + 7
9 + 1	3 + 2 + 5	7 + 2 + 1
4 + 3 + 3	12 – 2	7 – 2

9 Le nombre cherché est dans cette liste.

437 - 407 - 783 - 73

Trouve-le à l'aide des informations données.
– Est-il plus petit que 600 ? Oui.
– Se termine-t-il par 7 ? Oui.
– A-t-il un zéro ? Non.

Écris le nombre : ......

10 Écris les nombres sur la droite numérique.

47 - 36 - 9 - 78 - 112

0 ———————————————————————————— 100

Période 2

Quinzaine 1

Quinzaine 2

Quinzaine 3

Problèmes

Ermel p. 60-62
Guide d'utilisation
p. 30

Le calendrier

■ *Savoir chercher des informations sur différents supports.*

date : ....

Cherche, sur le calendrier que le maître va te donner, le nombre de jours où les élèves peuvent manger à la cantine de la rentrée des classes jusqu'à Noël.

Période 2
Quinzaine 1

Le catalogue

■ *Savoir chercher des informations sur différents supports.*

date : ....

Fais une commande. Elle ne doit pas dépasser ...... €.

Ph. © Colibleu - Avec leur aimable autorisation.

Calculs additifs et soustractifs

Ermel p. 200, 205- 206, 216-217
Guide d'utilisation p. 30

Calculs (furet, fusée, utilisation d'un catalogue de résultats, boîte jaune)

■ *Apprendre à calculer, mémoriser des résultats.*

date : ....

1 Compte de 10 en 10 de 22 à 132 : ....

....

2 Décompte de 10 en 10 de 282 à 162 : ....

....

3 Calcule sans poser l'opération.

33 + 6 = ...	73 + 6 = ...	120 – 4 = ...
57 + 8 = ...	50 – 4 = ...	107 – 5 = ...
77 – 5 = ...	217 + 8 = ...	83 + 6 = ...

4 Thibault a 45 voitures.
Sa maman lui en offre d'autres.
Maintenant, il en a 67.

Combien de voitures lui a-t-elle offertes ?

5 Sophie a 78 images.
Elle en perd 10.

Combien d'images a-t-elle maintenant ?

Période 2
Quinzaine 1

Connaître les nombres

Ermel p. 322-329
Guide d'utilisation
p. 31

Le caissier 1

(le caissier donne)

■ *Savoir effectuer des échanges.*

date : ....

1 Lis la règle du jeu.

RÈGLE DU JEU

Matériel

– 100 pièces de 1€
– 30 billets de 10 €
– 3 billets de 100 €
– des cartons marqués de 6 à 30

Déroulement

Une partie se joue à 4 : 3 joueurs et un caissier.
Elle se déroule en 3 tours.

Chaque joueur tire un carton et réclame au caissier l'argent indiqué sur le carton.
Chaque joueur conserve ses cartons pour vérifier ses gains.

Celui qui a le plus d'argent a gagné.

date : ....

2 Thibault a tiré les cartons marqués : 30 14 8
Il a reçu 54 € de la part du caissier.

Est-ce correct ?

Période 2
Quinzaine 1

Connaître les nombres

Ermel p. 322-329
Guide d'utilisation p. 31

3 Maxime a gagné :

Combien d'argent a-t-il ?

date : ....

4 Hafida a tiré des cartons. Elle a 63 €.

Dessine toutes ses pièces et ses billets.

5 Valentin a reçu les pièces et billets suivants :

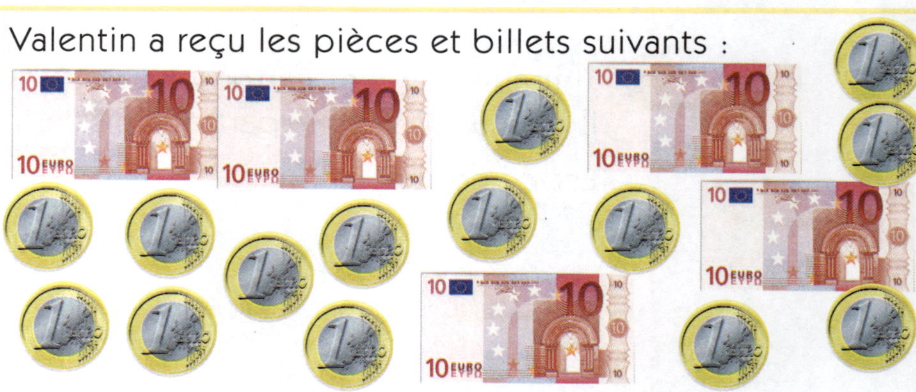

Fais les échanges et dessine ce qu'il a après les échanges.

Période 2
Quinzaine 1

date : ....

6 Maryne joue au jeu du caissier.
La première fois, elle tire le carton **25**

Dessine les pièces et les billets qu'elle doit demander au caissier.

1re demande

La deuxième fois, elle tire le carton **16**

Dessine ce qu'elle demande au caissier.

2e demande

Maryne échange toutes les pièces ou les billets qu'elle peut échanger.

Maryne a : ......

Ermel p. 322-329
Guide d'utilisation p. 31

date : ....

7 Pierre joue au jeu du caissier.

Il a déjà :

Il gagne :

Il fait les échanges.

Écris ce qu'il possède maintenant.

....

....

8 Stéphanie a joué au jeu du caissier.
À la fin de la partie, elle possède 123 €.

Dessine ce qu'elle possède à la fin de la partie.

date : ....

9 Attention ! Le caissier refuse de donner plus de 9 pièces ou 9 billets d'une même sorte.

Écris ou dessine ce que tu dois demander au caissier.

105 €

133 €

402 €

quatre cent vingt-cinq euros

trois cent huit euros

cinquante-six euros

cinq cent quinze euros

450 €

Ermel p. 322-329
Guide d'utilisation
p. 31

10 Mounia a 257 €.
Elle reçoit deux billets de 10 €.

Écris ce qu'elle a maintenant.

11 Thibault possède 192 €.
Le caissier lui donne cinq billets de 10 €.

Écris ce qu'il possède maintenant.

12 Voici la somme d'argent que possède chaque enfant.
Attention ! Un enfant n'a jamais plus de 9 pièces ou 9 billets d'une même sorte.

Stéphanie : 143 €	Maxime : 124 €	Fabienne : 128 €
Xavier : 135 €	Élodie : 34 €	Aurélie : 28 €
Lionel : 44 €	Damien : 40 €	Mélanie : 35 €

a) Chaque enfant compte ses billets de 10 €.
Qui a 4 billets de 10 € ?

....

....

b) Chaque enfant compte ses pièces de 1 €.
Qui a 8 pièces de 1 € ?

....

....

c) Qui a 1 billet de 100 € et 4 pièces de 1 € ?

....

....

Ermel p. 401-406
Guide d'utilisation
p. 31

Le panneau

■ *Savoir utiliser le double décimètre.*

date : ....

1 *(La consigne de cette activité sera donnée par le maître.)*

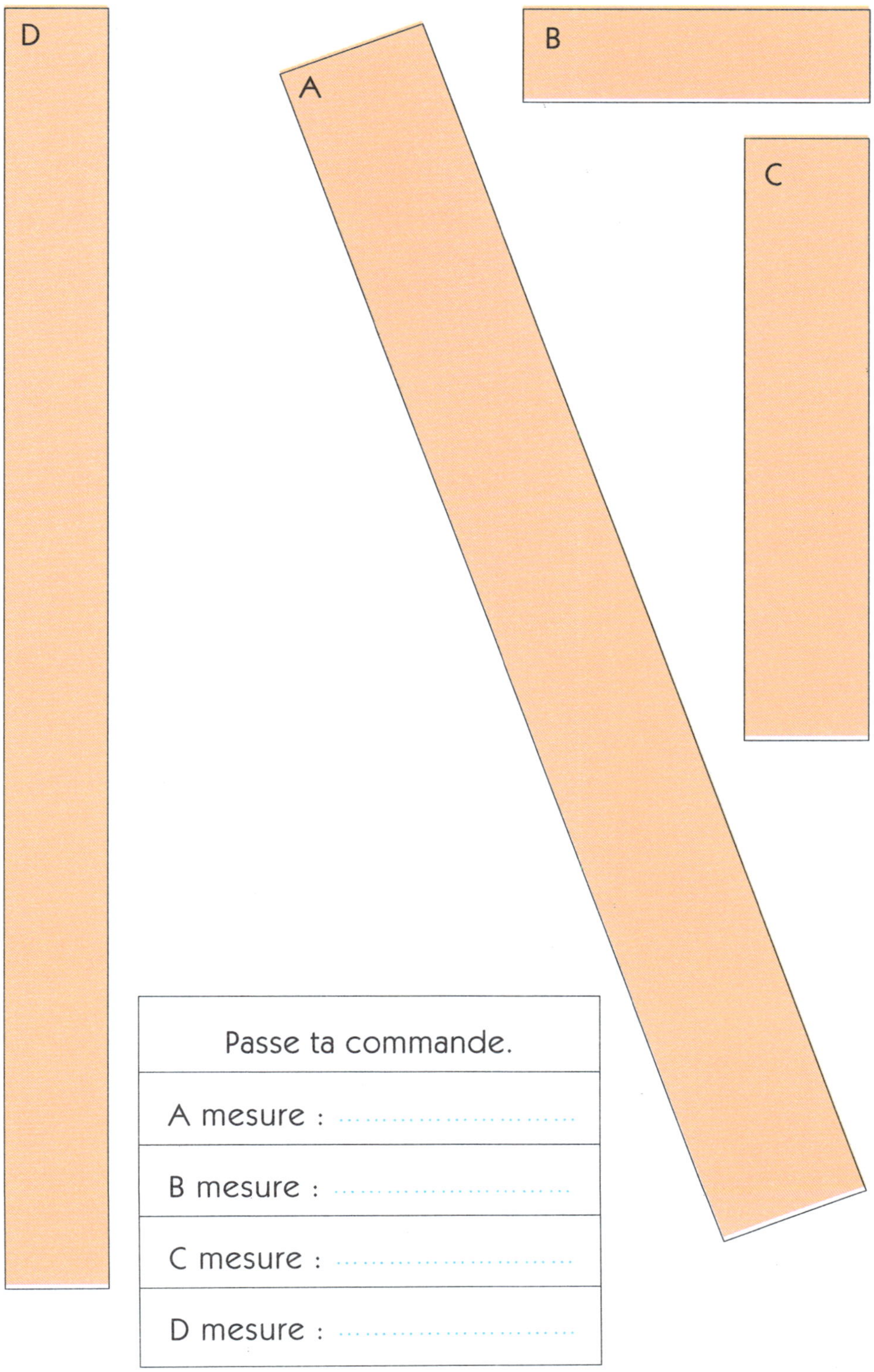

Passe ta commande.
A mesure : ....
B mesure : ....
C mesure : ....
D mesure : ....

Connaître les nombres

Ermel p. 401-406
Guide d'utilisation
p. 31

date : ....

2 Mesure les segments suivants et inscris les résultats dans le tableau.

AB :	
BC :	
DE :	
FG :	

date : ....

3 Trace les segments suivants :

AB = 23 cm EF = 9 cm et 3 mm

CD = 1 cm et 5 mm GH = 15 cm et 8 mm

Puis demande à ton voisin de vérifier tes tracés.

Problèmes

Ermel p. 64-66
Guide d'utilisation
p. 34

Julie va au centre commercial

■ *Savoir poser des questions auxquelles on peut répondre par un calcul.*

date : ....

a) Lis cet énoncé.
(La consigne du problème sera donnée par le maître.)

Julie va au centre commercial.
Elle a dans son porte-monnaie 6 billets de 20 €,
5 billets de 10 € et 7 pièces de 2 €.
Elle achète un manteau à 110 € et un pull à 32 €.
Elle voit ensuite des bottes à 85 € qui lui plaisent.

b) Écris les questions retenues par la classe.

....

....

....

....

....

....

date : ....

c) Julie a-t-elle assez d'argent pour acheter les bottes ?

Problèmes

Ermel p. 66-67
Guide d'utilisation
p. 34

Zoo 1

■ *Trier des questions en 3 catégories.*

date : ....

a) Lis cet énoncé.

25 élèves vont au zoo.
Ils prennent l'autocar à 8 h 30.

Pour le goûter, le maître a acheté 50 € de sandwichs et 70 € de boissons.

Arrivés au zoo, ils lisent l'affiche ci-contre.

date : ....

b) Relis l'énoncé et complète le tableau.

	Je peux répondre : la réponse est dans le texte	Je peux répondre en faisant un calcul	Je ne peux pas répondre
Combien le maître va-t-il payer les entrées ?			
Combien y a-t-il d'enfants dans le zoo ?			
Quel est le prix des sandwichs ?			
Le zoo est-il ouvert le samedi ?			

c) Cherche les réponses aux questions qui nécessitent des calculs.

....

....

Période 2
Quinzaine 2

Ermel p. 266-270
Guide d'utilisation p. 35

Le jeu des enveloppes

Savoir utiliser l'addition réitérée.

date : ....

1 Des enfants ont joué au jeu des enveloppes.
Combien de jetons a chaque enfant ?

a) Alexandra a tiré 3 enveloppes de 4 jetons chacune.

....

....

b) Tarik a tiré 5 enveloppes de 5 jetons chacune.

....

....

c) Sophie a tiré 4 enveloppes de 3 jetons chacune.

....

....

date : ....

2 Maxime a joué au jeu des enveloppes.
D'abord, il a tiré 5 enveloppes de 4 jetons chacune, puis il a tiré 3 enveloppes de 3 jetons chacune.

Combien de jetons a-t-il en tout ?

Période 2
Quinzaine 2

Connaître
les nombres

Ermel p. 329-336
Guide d'utilisation
p. 36

Les fourmillions

Utiliser les groupements pour dénombrer rapidement une collection.

date : ....

1 La maîtresse a des gommettes.
Voici son stock :

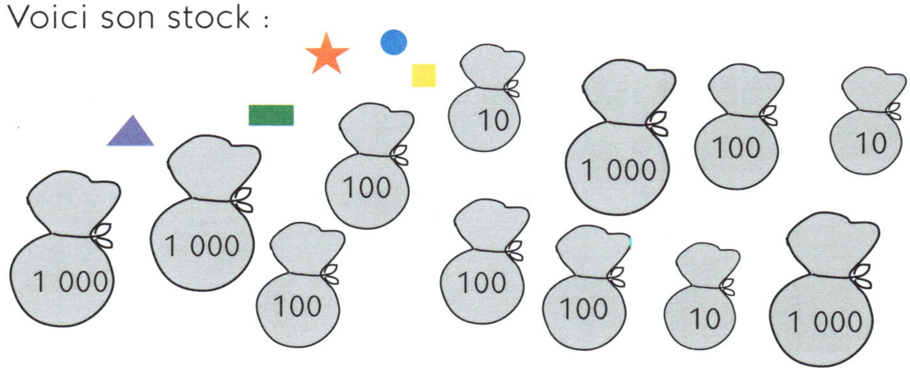

Elle achète d'autres gommettes :

Combien de gommettes la maîtresse a-t-elle en tout ?

....

date : ....

2 Anaïs range ses cartes postales dans des pochettes.

Elle possède :	Son frère lui donne :
3 pochettes de 100 cartes 8 pochettes de 1 000 cartes 5 cartes postales et 4 pochettes de 10 cartes	4 pochettes de 100 cartes 3 cartes postales et 1 pochette de 1 000 cartes

Combien de cartes postales Anaïs a-t-elle maintenant ?

....

....

Période 2
Quinzaine 2

Connaître les nombres

Ermel p. 329-336
Guide d'utilisation p. 36

3 Marc range ses pièces de collection dans des boîtes.

Il a :

...... boîtes de 100 pièces ;

...... pièces ;

...... boîtes de 1 000 pièces ;

...... boîtes de 10 pièces.

Odette lui donne :

...... boîtes de 1 000 pièces ;

...... boîtes de 10 pièces ;

...... pièces ;

...... boîtes de 100 pièces.

Combien de pièces Marc a-t-il en tout ?

....

....

4 Trouve un moyen de compter le nombre de traits le plus rapidement possible.

10 10 10

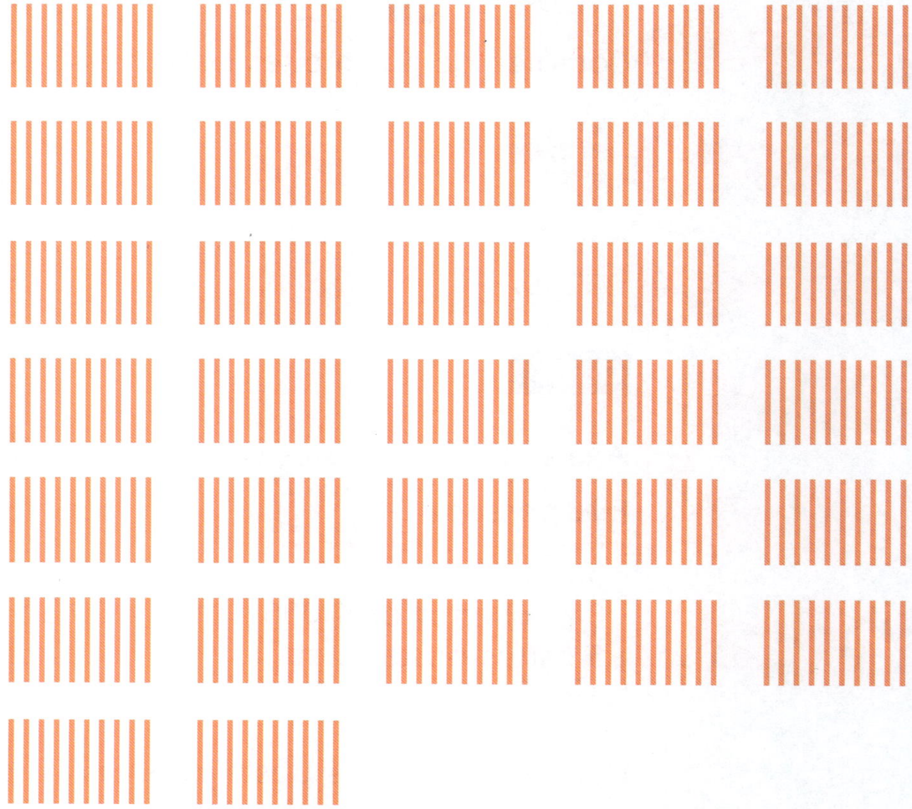

Il y a .... traits.

Période 2
Quinzaine 2

date : ....

5 Tu veux envoyer 37 lettres.
Le maître va te donner une feuille où il y a des carnets de 10 timbres et des timbres seuls.

Découpe autant de timbres qu'il faut pour expédier toutes tes lettres. Colle sur cette page ce que tu as découpé.

Ermel p. 329-336
Guide d'utilisation p. 36

6 Observe.

Les carrés contiennent 100 carreaux.

Les bandes contiennent 10 carreaux.

a) Voici des carrés, des bandes et des carreaux.

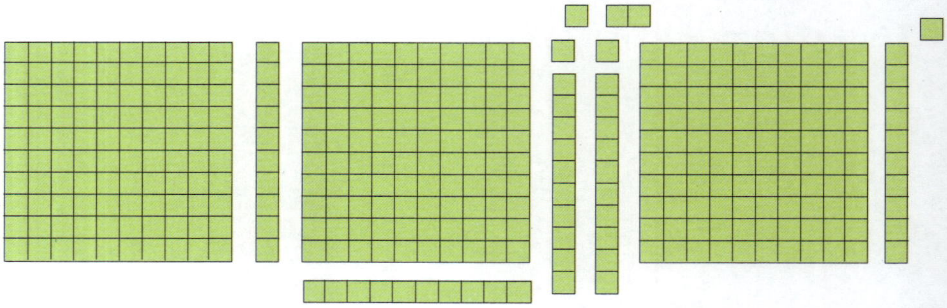

Combien y a-t-il de carreaux ? ……………………………………

……………………………………………………………

b) Combien faut-il de carrés, de bandes et de carreaux pour avoir 574 carreaux en tout ?

Connaître les nombres

Ermel p. 407-410
Guide d'utilisation
p. 36

Le serpent

■ *Savoir ajouter des longueurs.*

date : ....

Mesure ce serpent.
Tu peux écrire
sur le dessin
et à côté du dessin.

Période 2
Quinzaine 2

Problèmes

Ermel p. 68-71
Guide d'utilisation
p. 40

La bataille navale

■ *Traiter des informations.*

date : ....

1 Trouve la place du bateau, puis colorie-la.

Le bateau est en :
a5 → non
b2 → oui
b1 → non
b3 → oui

	1	2	3	4	5
a					
b					
c					

2 Trouve la place du bateau, puis colorie-la.

Le bateau est en :
a3 → oui
b4 → non
c3 → oui

	1	2	3	4	5
a					
b					
c					

3 Trouve la place du bateau, puis colorie-la.

Le bateau est en :
a1 → non
a5 → oui
b5 → non
a4 → oui

	1	2	3	4	5
a					
b					
c					

4 Fais une croix dans les cases où se trouve le bateau.

Le bateau est en :
b3 → non
a4 → non
c5 → non
c1 → oui
c2 → non

	1	2	3	4	5
a					
b					
c					

Ermel p. 218
Guide d'utilisation p. 41

Les suites de nombres

■ *Apprendre à calculer.*

date : ....

1 Observe et continue. Puis essaie d'écrire la règle.

a) 43 - 46 - 49 - 52 - ...... - ...... - ...... - ...... - ...... - ......

On compte de ...... en ......

b) 68 - 64 - 60 - ...... - ...... - ...... - ...... - ...... - ......

On compte de ...... en ......

c) 93 - 103 - 113 - ...... - ...... - ...... - ...... - ...... - ......

On compte de ...... en ......

2 Qu'est ce qui fait peur à Marc ?
Pour le savoir, relie les points de 101 à 145.

Période 2
Quinzaine 3

Ermel p. 229
Guide d'utilisation p. 41

L'addition à trous

■ *Apprendre à calculer.*

date : ....

1 Complète les additions.

$$\begin{array}{r} 6\ . \\ +\ .\ . \\ \hline 7\ 8 \end{array} \qquad \begin{array}{r} .\ 6 \\ +\ 3\ . \\ \hline 8\ 9 \end{array} \qquad \begin{array}{r} .\ 5 \\ +\ .\ 6 \\ +\ 8\ . \\ \hline 1\ 7\ 6 \end{array}$$

$$\begin{array}{r} 5\ . \\ +\ 7\ 4 \\ \hline 1\ .\ 9 \end{array} \qquad \begin{array}{r} .\ .\ 4 \\ +\ 2\ 6\ . \\ \hline 6\ 0\ 9 \end{array} \qquad \begin{array}{r} .\ 8 \\ +\ 6\ 2 \\ +\ 3\ . \\ \hline 1\ 5\ 4 \end{array}$$

date : ....

2 Complète les additions.

$$\begin{array}{r} .\ . \\ +\ 2\ 6 \\ \hline 5\ 8 \end{array} \qquad \begin{array}{r} .\ . \\ +\ 4\ 6 \\ \hline 9\ 2 \end{array} \qquad \begin{array}{r} 1\ 4\ 6 \\ +\ .\ .\ . \\ \hline 7\ 9\ 3 \end{array}$$

$$\begin{array}{r} 2\ 3\ 8 \\ +\ .\ .\ . \\ \hline 7\ 8\ 0 \end{array} \qquad \begin{array}{r} 4\ 2\ 1 \\ +\ .\ .\ . \\ \hline 8\ 1\ 5 \end{array} \qquad \begin{array}{r} .\ .\ . \\ +\ 3\ 8\ 5 \\ \hline 1\ 1\ 0\ 1 \end{array}$$

Ermel p. 287-289
Guide d'utilisation p. 41

Le jeu de Yam

■ *Apprendre à calculer.*

date : ....

1 **a)** Lis la règle du jeu.

RÈGLE DU JEU

Matériel

– 5 dés
– 1 tableau à compléter par joueur

Déroulement

Une partie se joue à 2.
Elle se déroule en 3 tours.

Chaque joueur lance les 5 dés à la fois.
Le premier joueur garde les dés qui ont le même nombre de points. Puis, il relance les dés qui restent car il doit essayer d'avoir le plus de dés possible de la même sorte.
Après le deuxième coup de dés, le joueur doit calculer ses points à l'aide du tableau.
Le deuxième joueur joue à son tour.

À la fin des 3 tours, celui qui a le plus de points a gagné.

b) À toi de jouer !

	Nombre de dés obtenus	Calcul des points

Total des points		

Ermel p. 287-289
Guide d'utilisation p. 41

date : ....

2 Thierry a joué au jeu de Yam. Aide-le à compléter le tableau.

	Nombre de dés obtenus	Calcul des points
⚀	4	…….
⚁	…….	8
⚂	2	…….
⚃	5	…….
⚄	…….	15
⚅	3	…….
Total des points		…….

3 Complète le tableau.

	Nombre de dés obtenus	Calcul des points
⚀	3	…….
⚁	…….	…….
⚂	…….	9
⚃	4	…….
⚄	…….	5
⚅	4	…….
Total des points		67

Ermel p. 336-340
Guide d'utilisation
p. 41

Les mots-nombres

■ *Comprendre les règles de la numération orale.*

date : ....

1 Note tous les mots qui servent à écrire les nombres de 0 à 100.

Ermel p. 336-340
Guide d'utilisation
pa. 41

date : ....

2 Voici des numéros de téléphone. Écris-les en chiffres.

a) quarante-cinq – trente-trois – soixante-douze – dix-sept

....

....

b) vingt-six – cinquante – trente-neuf – quinze

....

....

3 Voici un numéro de téléphone. Écris-le en lettres.

73 - 49 - 10 - 93

....

....

4 Relie.

69 •	• quatre-vingt-seize
70 •	• soixante-neuf
43 •	• quarante-trois
96 •	• soixante-dix

5 Voici des nombres : 100 - 7 - 2 - 15 - 10

Replace-les dans cette histoire et écris-les en lettres.

Le petit lutin avait .... frères et .... sœurs.
Ils partirent tous les .... dans la forêt.
Ils ramassèrent .... champignons et .... chataîgnes.
Heureux, ils rentrèrent chez eux.

Connaître les nombres

Ermel p. 383-385
Guide d'utilisation p. 42

Comparaison, ordre

■ *Structurer la suite des nombres.*

date : ....

1 Lis les nombres suivants.

210	211	112	221	201	121

Colorie en bleu le plus petit nombre, en rouge le plus grand.

2 Range ces nombres du plus petit au plus grand.

a) 7 - 57 - 37 - 47 - 87 - 17

....

b) 920 - 488 - 493 - 99 - 483 - 690

....

3 Dans cette liste de nombres, des chiffres ont été effacés.

150	• 85	1 • 9	23 •	235

Complète de façon à obtenir des nombres rangés du plus petit au plus grand.

4 Complète avec le nombre qui vient juste avant et celui qui vient juste après.

......	79	......	......	300	......	......	80	......
......	99	......	......	509	......	......	630	......

Période 2
Quinzaine 3

Connaître les nombres

Ermel p. 383-385
Guide d'utilisation p. 42

5 Place les nombres sur la corde.

832 | 653 | 380 | 1 500 | 975

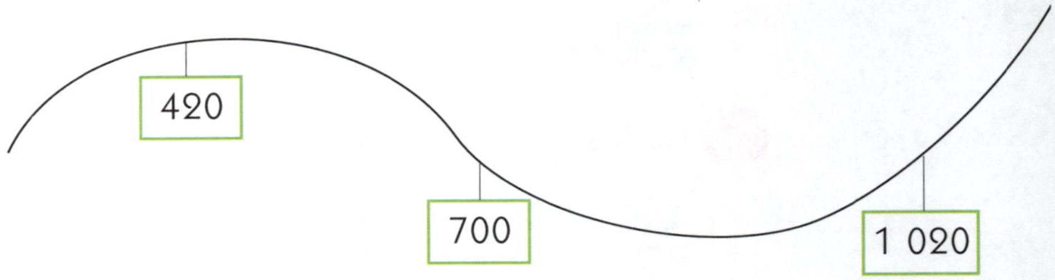

date : ....

6 Complète en écrivant « plus petit » ou « plus grand ».

709 est .... que 739

580 est .... que 524

1 230 est .... que 2 030

7 Complète en utilisant les signes < ou >.

243 ...... 432 | 78 87

378 ...... 369 | 1 000 300

8 Complète avec un nombre qui convient.

...... < 80 | ...... > 1 020

...... > 699 | ...... < 2 000

9 Voici des nombres : 218 - 145 - 149 - 153 - 137 - 58.
On peut en placer certains sur cette bande.

Écris-les à la bonne place.

		140										150	

Période 2
Quinzaine 3

Connaître les nombres

Ermel p. 385-390
Guide d'utilisation p. 42

Le nombre secret

■ *Comparer des nombres.*

date : ....

1 L'un de ces nombres est le nombre secret.

125 - 232 - 93 - 210 - 158

Le nombre secret est :
– plus petit que 200 ;
– plus grand que 100 ;
– plus petit que 150.

Entoure-le.

2 Le code du nombre secret est NS.
Le nombre secret est entre 500 et 700.

NS > 600	NS < 650	NS < 630	NS > 628

Trouve le nombre secret : ....

date : ....

3 L'un de ces nombres est le nombre secret.

352 - 325 - 438 - 560 - 700

Le nombre secret est :
– plus grand que 330 ;
– plus petit que 500 ;
– plus grand que 400.

Trouve-le : ....

4 Le nombre secret est entre 300 et 500.

NS > 300	NS > 400	NS < 450	NS > 430	NS > 445

Quels nombres peuvent être le nombre secret ?

....

Bilan 2

1 Dans une école, il y a 58 filles et 52 garçons.

Combien d'élèves y a-t-il dans cette école ?

2 Marc a 128 billes dans sa boîte. Il en ajoute d'autres. Maintenant, il en a 150.

Combien de billes a-t-il ajoutées ?

3 Un stylo-plume coûte 5 €.

Combien coûtent 4 stylos-plume ?

4 Calcule sans poser l'opération.

43 + 7 = ...	217 + 8 = ...
54 – 4 = ...	...... + 23 = 50
60 – 6 = ...	72 + ... = 80
120 – 20 = ...	215 – 15 = ...
100 = 70 + ...	50 – ...... = 45

5 Geoffrey joue au jeu du caissier.

Il a déjà :

Il gagne :

Écris ce qu'il a maintenant.

....

....

Bilan 2

6 **a)** Trace les segments suivants.
AB = 6 cm et 7 mm   CD = 42 mm

b) Mesure les segments suivants.

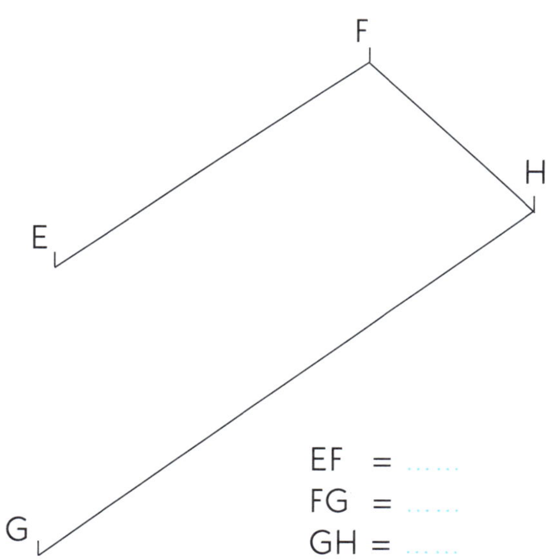

EF = ...
FG = ...
GH = ...

7 Le maître a reçu 7 paquets de 100 feuilles.

Combien de feuilles a-t-il ?

....

8 Le postier a reçu 5 planches de 100 timbres et 8 carnets de 10 timbres.

Combien de timbres a-t-il ?

9 Complète les additions.

```
  3 2 1        5 4 3
+ . . .      + . . .
  -----        -----
  5 7 4        7 9 0

  6 3 4        3 0 4
+ . . .      + . . .
  -----        -----
  9 0 2        6 0 8
```

10 Écris en lettres.

27 : ....

42 : ....

71 : ....

85 : ....

Période 3

Quinzaine 1

Quinzaine 2

Quinzaine 3

Problèmes

Ermel p. 72-76
Guide d'utilisation p. 48

Le portrait

■ *Savoir prendre en compte les informations données.*

date : ....

1 Le nombre cherché est dans cette liste.

425 - 113 - 703 - 523 - 224

Trouve-le à l'aide des informations données.
– Est-ce qu'il se termine par 3 ? Oui.
– Est-ce que le chiffre des dizaines est 2 ? Oui.

Si tu trouves, donne le nombre : ......

Sinon, pose d'autres questions : ....

....

....

....

....

2 Le nombre cherché est dans cette liste.

242 - 203 - 42 - 25 - 28 - 233

Trouve-le à l'aide des informations données.
– Est-ce qu'il a 3 chiffres ? Non.
– Est-ce qu'il commence par 2 ? Non.

Si tu trouves, donne le nombre : ......

Sinon, pose d'autres questions : ....

....

....

....

....

Problèmes

Ermel p. 88-92
Guide d'utilisation
p. 48

Les partages

■ *Faire des essais et les contrôler.*

date : ....

Lis cet énoncé.

Paul veut partager ...... bonbons en 3 paquets.
Il doit y avoir autant de bonbons dans chaque paquet.

Combien de bonbons y aura-t-il dans chaque paquet ?

Période 3
Quinzaine 1

Ermel p. 145-150
Guide d'utilisation p. 48

Déplacements sur piste graduée

■ *Résoudre des problèmes additifs et soustractifs.*

date : ....

1 Marie joue au jeu de la piste.
Son pion est placé sur la position 40. Elle tire le carton 17.

Où va-t-elle poser son pion ?

2 David joue, lui aussi, au jeu de la piste.
Son pion est sur la position 73. Il tire le carton 33.

Où va-t-il poser son pion ?

3 Dominique a tiré le carton 12.
Il arrive sur la position 89.

Cherche où était placé son pion avant qu'il joue.

4 Anaïs tire deux cartons : 15 et 23.
Son pion était sur la position 54.

Où va-t-elle le placer maintenant ?

Période 3
Quinzaine 1

Calculs additifs et soustractifs

Ermel p. 173-206
Guide d'utilisation p. 48

Calculs (cartes recto-verso, utilisation d'un catalogue de résultats)

■ *Mémoriser des résultats et savoir les utiliser.*

date : ....

1 Effectue les additions.

9 + 9 = ...	18 + 18 = ...	50 + 50 = ...
12 + 12 = ...	25 + 25 = ...	19 + 19 = ...
15 + 15 = ...	17 + 17 = ...	26 + 26 = ...

2 Calcule les opérations.

45 + 10 = ...	93 + 10 = ...	134 – 10 = ...
36 + 10 = ...	112 + 10 = ...	243 – 10 = ...
78 + 10 = ...	89 – 10 = ...	491 + 10 = ...

3 Pose et effectue les additions.

47 + 132 + 23 =

429 + 89 =

4 Compte de 5 en 5 de 51 à 106.

....

....

Période 3
Quinzaine 1

Ermel p. 270-275
Guide d'utilisation p. 49

Construction de répertoires multiplicatifs

■ *Établir les équivalences entre les écritures.*

date : ....

1 Écris la multiplication équivalente.

5 + 5 + 5 + 5 + 5 + 5 + 5 = ...

4 + 4 + 4 = ...

2 + 2 + 2 + 2 + 2 + 2 + 2 + 2 + 2 = ...

3 + 3 + 3 + 3 + 3 + 3 = ...

2 Colorie avec une même couleur les écritures qui désignent le même nombre.

5 + 5 + 5 + 5 + 5 + 5	21	5 x 4	30
6 x 3	2 + 2 + 2 + 2 + 2 + 2 + 2 + 2		
4 + 4 + 4 + 4 + 4	6 x 5	2 x 9	
16	2 x 8	6 x 6	3 + 3 + 3 + 3 + 3 + 3 + 3
24	32	20	

date : ....

3 Complète les écritures.

4 + 4 + 4 = ... = 3 x 4 = 12

.... = 5 x 2 = ... = ...

3 + 3 + 3 + 3 + 3 = ... = ... = ...

.... = ... = ... = 24

Période 3
Quinzaine 1

4 Une pochette de crayons de couleur coûte 3 €.

a) Combien coûtent 3 pochettes ?

....

b) Combien coûtent 5 pochettes ?

....

c) Combien coûtent 8 pochettes ?

....

d) Combien coûtent 10 pochettes ?

....

5 **a)** Compte de 2 en 2 de 0 à 20.

....

....

b) Compte de 3 en 3 de 0 à 30.

....

....

c) Compte de 4 en 4 de 0 à 40.

....

....

Problèmes

Ermel p. 88-91
Guide d'utilisation
p. 54

Les partages

■ *Faire des essais et les contrôler.*

date : ....

Lis cet énoncé.

La maîtresse veut partager des cubes entre 4 élèves.
Elle a ...... cubes. Elle veut que chaque élève ait autant de cubes.

Combien de cubes donnera-t-elle à chaque élève ?

Période 3
Quinzaine 2

Ermel p. 92-93
Guide d'utilisation
p. 54

Le rugby

■ *Comprendre qu'un problème peut avoir plusieurs solutions.*

date : ....

1 Lis cet énoncé.

Lors d'un match de rugby, une équipe a marqué 18 points.
Un essai rapporte 4 points.
Une pénalité rapporte 3 points.

Comment cette équipe a-t-elle marqué ces 18 points ?

date : ....

2 Lis cet énoncé.

Lors d'un match de rugby, une équipe a marqué ...... points.
Un essai rapporte 4 points.
Une pénalité rapporte 3 points.

Comment cette équipe a-t-elle marqué ces ...... points ?

Ermel p. 93-94
Guide d'utilisation p. 54

Les œufs

■ *Comprendre qu'un problème peut avoir plusieurs solutions.*

date : ....

1 Lis cet énoncé.

Dans un magasin, on peut acheter des œufs par boîte de 6 œufs ou par boîte de 10 œufs.
Marianne veut acheter 66 œufs.

Combien de boîtes doit-elle prendre ?
Il y a plusieurs solutions, cherche-les.

date : ....

2 Lis cet énoncé.

Dans un magasin, on peut acheter des œufs par boîte de 6 œufs ou par boîte de 10 œufs.
François veut acheter ...... œufs.

Combien de boîtes doit-il prendre ?
Il y a plusieurs solutions, cherche-les.

Ermel p. 149-150
Guide d'utilisation
p. 54

Déplacements sur piste graduée

■ *Résoudre des problèmes additifs et soustractifs.*

date : ....

1 Complète les calculs. Tu peux t'aider de la calculette.

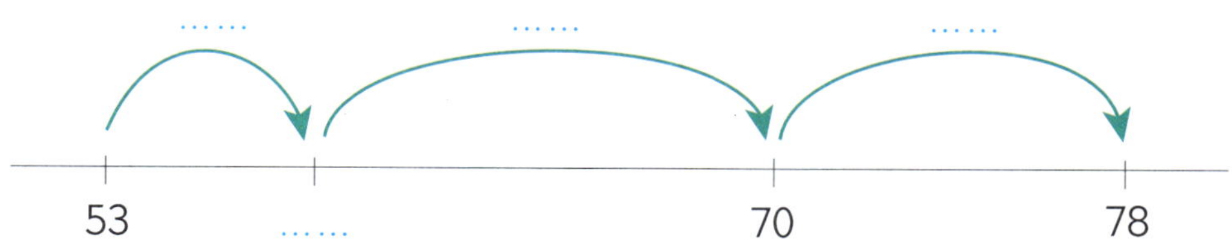

2 Complète les calculs. Tu peux t'aider de la calculette.

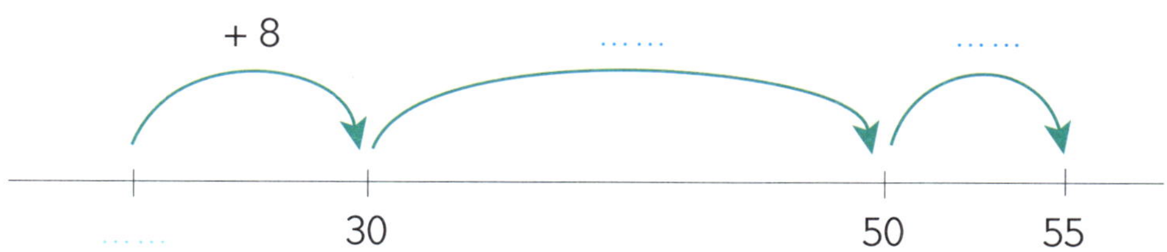

3 Complète les calculs. Tu peux t'aider de la calculette.

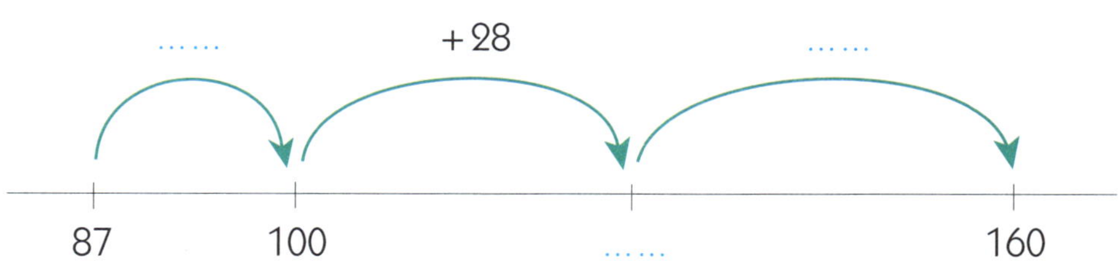

Calculs additifs et soustractifs

Ermel p. 176-182
Guide d'utilisation p. 55

Calculs

(tournoi de calcul, loto)

■ *S'entraîner à calculer et à mémoriser des résultats.*

date : ....

1 Calcule.

50 – 30 = ...	70 + 30 = ...	30 + 30 = ...
10 + 20 = ...	40 + 20 = ...	80 + ... = 100
40 – 20 = ...	100 – 30 = ...	100 – 10 = ...
50 – 20 = ...	50 + 50 = ...	...... – 10 = 90

2 Complète les calculs.

110 + ... = 200	220 – ...... = 200	300 – ...... = 280
340 + ... = 400	660 – ...... = 600	400 – ...... = 370
650 + ... = 700	770 – ...... = 700	900 – ...... = 890
230 + ... = 300	890 – ...... = 800	800 – ...... = 730

3 Calcule les additions à trous.

```
   8 5            2 4 3
+  • •         +  • • •
 1 3 8            8 2 1

   • • •          5 3 5
+  7 8 2       +  • • •
 1 5 0 4        1 4 7 9
```

Période 3
Quinzaine 2

Ermel p. 218-219
Guide d'utilisation
p. 55

Les envahisseurs

Savoir calculer sur les nombres et s'entraîner au calcul rapide.

date : ....

a) Lis la règle du jeu.

RÈGLE DU JEU

Déroulement

Toute la classe participe à ce jeu.

Une liste de nombres est donnée.
Avec les nombres de cette liste, chaque joueur doit effectuer des additions ou des soustractions pour obtenir des résultats terminés par 0.

Celui qui a noté le plus de résultats justes, le plus vite possible, a gagné.

b) Voici une liste de nombres : 7 - 13 - 17 - 23 - 47

Voici des exemples : 17 + 13 = 30   17 – 7 = 10

À toi de jouer !

Ermel p. 229-232
Guide d'utilisation
p. 55

La droite numérique

■ *Utiliser la droite numérique comme support de calculs.*

date : ....

1 Voici une partie de la droite numérique.

Affiche sur ta calculette le plus petit des 2 nombres.
Sans effacer et en faisant uniquement des additions,
tu dois obtenir le second nombre.
Écris au fur et à mesure tes calculs et représente
les bonds sur la droite.

....

....

....

2 Voici une partie de la droite numérique.

Affiche sur ta calculette le plus petit des 2 nombres.
Sans effacer et en faisant uniquement des additions,
tu dois obtenir le second nombre.
Écris au fur et à mesure tes calculs et représente
les bonds sur la droite.

....

....

....

Ermel p. 289-290
Guide d'utilisation p. 56

Calculs

(jeux de bataille, loto, dominos, jeux de cartes)

■ *Mémoriser les tables de multiplication.*

date : ....

1 Calcule.

5 x 3 = ...	...... x 3 = 18	32 = ... x ......
8 x 2 = ...	...... x 5 = 20	36 = ... x ......
3 x 6 = ...	6 x ...... = 12	9 = ... x ......
9 x 4 = ...	9 x ...... = 27	40 = ... x ......

2 Thibault achète 5 gâteaux au chocolat à 3 € l'un.
Combien dépense-t-il ?

3 Avec 35 €, combien de paires de ciseaux à 5 € l'un la maîtresse peut-elle acheter ?

4 Regroupe les écritures différentes d'un même nombre.

5 x 8	6 x 5	4 x 4	3 x 8	9 x 4	8 x 6
4 x 12	12 x 3	10 x 4	12 x 2	8 x 5	8 x 3
24 x 2	16 x 1	3 x 10	3 x 12	2 x 8	15 x 2

16	24	30	36	40	48
....	....	....	....	....	....
....	....	....	....	....	....
....	....	....	....	....	....
....	....	....	....	....	....

Ermel p. 347-350
Guide d'utilisation p. 56

Les mini-tartare

Savoir extraire le nombre de dizaines d'un nombre.

date : ....

1 On distribue des mini-tartare à la cantine.

a) Avec 8 boîtes de 10 portions de fromage, combien d'élèves peut-on servir ?

....

....

b) Avec 12 boîtes de 10 portions de fromage, combien d'élèves peut-on servir ?

....

....

2 À la cantine, il y a 234 élèves.

Combien de boîtes de 10 portions de fromage faut-il ?

3 Avant le repas, il y avait 3 paquets de 100 portions de fromage.
Après le repas, il reste 2 portions et une boîte de 10 portions de fromage.

Combien de portions de fromage ont été mangées ?

Ermel p. 380-381
Guide d'utilisation
p. 57

Le jeu des 4 chiffres

■ *Comprendre que suivant le rang un chiffre n'a pas la même valeur.*

date : ....

1 Avec les chiffres 3 0 6 7, trouve au moins 5 nombres différents et range-les du plus petit au plus grand.

Écris les nombres : ....

....

Puis range-les : ....

....

2 Avec les chiffres 2 6 5 3, j'ai déjà trouvé les nombres suivants : 3256 - 2536 - 6532.

Trouve encore d'autres nombres, puis range-les tous du plus petit au plus grand.

Écris les nombres : ....

....

Puis range-les : ....

....

3 Avec les chiffres 1 9 8 0, Xavier a trouvé les nombres suivants : 1098 - 0199 - 9088 - 1111 - 8019.

Il les a rangés ainsi : 1098 - 1111 - 0199 - 9088 - 8019.

Trouve ses erreurs et écris les nombres dans l'ordre.

....

....

Problèmes

Ermel p. 94-95
Guide d'utilisation
p. 60

La monnaie

■ *Trouver plusieurs solutions à un problème.*

date : ....

1 Lis cet énoncé.

Comment faire la monnaie de 100 euros avec des billets de 50 euros, de 20 euros et de 10 euros ?
Cherche plusieurs possibilités.

date : ....

2 Lis cet énoncé.

Comment faire la monnaie de 200 euros avec des billets de 100 euros, de 50 euros et de 20 euros ?
Cherche plusieurs possibilités.

Période 3
Quinzaine 3

Ermel p. 200-202
Guide d'utilisation
p. 60

Le jeu de la cible

(la cible des dizaines)

■ *Étendre le répertoire additif aux multiples de 10.*

date : ....

1 Choisis 3 cartes pour atteindre la cible. Écris tes calculs.
Il peut y avoir plusieurs solutions.

a)

Cible	Cartes
80	10 - 10 - 20 - 20 - 40 - 50 - 60

....

....

b)

Cible	Cartes
200	30 - 30 - 40 - 40 - 50 - 50 - 60 - 60 70 - 70 - 80 - 80 - 100 - 120 - 140

....

....

2 La 1re et la 2e carte ont été choisies. Entoure la 3e carte.

Cible	1re carte	2e carte	3e carte
150	100	10	50 - 30 - 40 - 10
120	60	40	10 - 30 - 40 - 20
90	10	40	30 - 40 - 50 - 20

Vérifie tes calculs.

....

....

Période 3
Quinzaine 3

Ermel p. 219-220
Guide d'utilisation p. 60

Les mots chiffrés

■ *Savoir regrouper des nombres qui vont bien ensemble pour calculer vite.*

date : ....

ET SI LES LETTRES TE FAISAIENT CALCULER !

Chaque lettre a une valeur.

A : 2	F : 16	K : 3	P : 11	U : 19
B : 13	G : 17	L : 5	Q : 7	V : 1
C : 8	H : 14	M : 20	R : 21	W : 23
D : 15	I : 6	N : 9	S : 22	X : 32
E : 4	J : 18	O : 10	T : 12	Y : 45
				Z : 0

1 Calcule la valeur du mot.

MARDI ....

....

2 Écris ton prénom et calcule sa valeur.

_ _ _ _ _ _ _ _ _ : ....

....

3 Trouve un mot de 4 lettres qui vaut moins de 30 points.

_ _ _ _ : ....

....

4 Trouve un mot de 4 lettres qui vaut 100 points.

_ _ _ _ : ....

....

Période 3
Quinzaine 3

Ermel p. 232-238
Guide d'utilisation p. 61

La droite numérique

■ *Utiliser la droite numérique pour calculer.*

date : ......

1 En utilisant la droite numérique, cherche combien il faut ajouter à 34 pour obtenir 195.

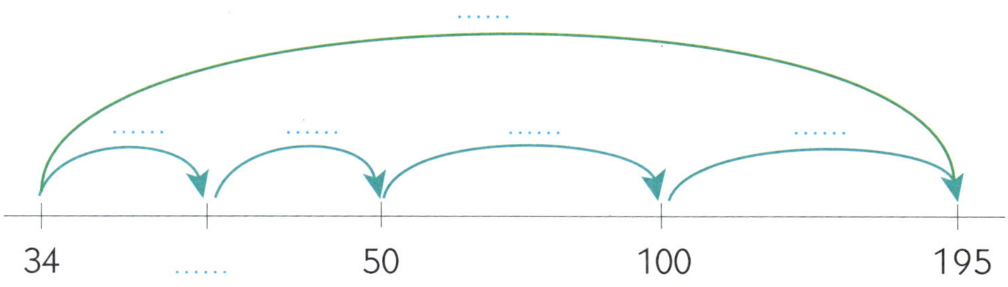

Complète le calcul.

34 + ... = 195

2 Pour chercher combien il faut ajouter à 53 pour aller à 105, un élève a utilisé la droite numérique. Mais certains nombres ont été effacés. Écris-les.

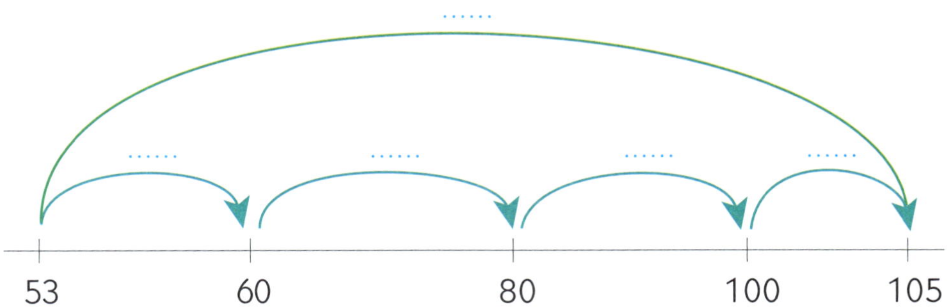

Complète le calcul.

53 + ... = 105

Période 3
Quinzaine 3

Ermel p. 291
Guide d'utilisation p. 61

Calcul de répertoires

■ *Élaborer les répertoires en utilisant des résultats déjà connus.*

date : ....

1 Amélie joue au jeu de la marchande.
Elle vend des livres. Chaque livre coûte 7 €.
Attention ! Elle n'a pas de calculette et elle ne connaît que quelques résultats de la table de 7.

À partir de ces résultats, aide Amélie à trouver le plus possible de nouvelles réponses et écris-les dans le tableau.

Résultats connus
4 x 7 = 28
7 x 7 = 49
8 x 7 = 56
10 x 7 = 70

Nombre de livres à 7 € l'un	Prix correspondant
2	......
5	......
......	63
......	77
14	......

date : ....

2 Relie chaque jeton à la case correspondante sur le carton de loto.

49 27 18 35 32 44

5 x 7	7 x 7		4 x 8
	2 x 9	3 x 9	
6 x 6		6 x 4	7 x 3
8 x 3	9 x 5		

36 24 50 45 21 39

Connaître les nombres

Ermel p. 351-354
Guide d'utilisation p. 61

Le caissier 2

(le caissier encaisse)

■ *Savoir effectuer des échanges.*

date : ....

1 Julien a dans son porte-monnaie :

Il dépense 34 €.
Trouve ce qui lui reste après ses achats.

2 Camille a 485 € en billets de 100 € et de 10 € et en pièces de 1 €.
Elle dépense 23 € en achetant des livres et 47 € en achetant des disques.

Combien de pièces et de billets lui reste-t-il ?

Période 3
Quinzaine 3

Connaître les nombres

Ermel p. 421
Guide d'utilisation p. 62

Les mesures

■ *Savoir encadrer des mesures de longueur.*

date : ....

1 Colorie la réponse qui te semble possible.
Tu dois répondre sans mesurer.

Un stylo mesure :	5 cm	16 cm	50 cm
Une chaussure mesure :	1 m	80 cm	20 cm
La hauteur d'une classe est de :	4 m	1 km	10 m

2 Mesure les baguettes de couleur.

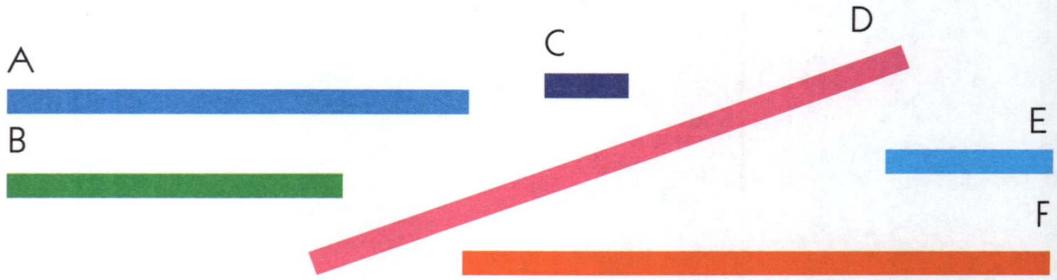

Écris leur mesure exacte.

A : ......   C : ......   E : ......
B : ......   D : ......   F : ......

3 Le segment cherché mesure plus de 9 cm et moins de 11 cm.

Trouve-le : ......

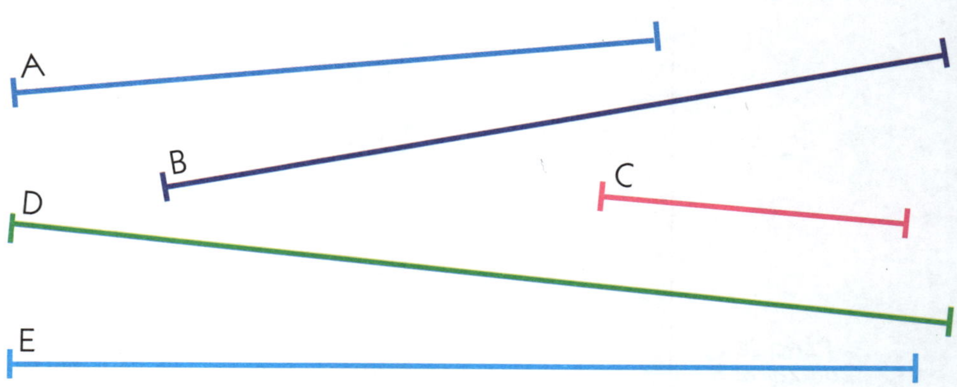

Bilan 3

1 Line joue au jeu de la piste.
Son pion est sur la case 37.
Elle tire le carton 17.

Où va-t-elle poser son pion ?

2 Sory joue au jeu de la piste.
Il tire le carton 10. Il pose son pion sur la case 48.

Où était placé son pion avant qu'il joue ?

3 Écris une multiplication équivalente.

5 + 5 + 5 = ...

4 + 4 + 4 + 4 + 4 = ...

2 + 2 + 2 + 2 = ...

3 + 3 + 3 + 3 + 3 + 3 = ...

4 Calcule.

4 x 3 = ...	9 x 2 = ...
5 x 5 = ...	6 x 3 = ...
10 x 2 = ...	3 x 7 = ...
3 x 3 = ...	2 x 2 = ...
4 x 4 = ...	5 x 0 = ...

5 Pose et calcule.

259 + 352 =

503 + 23 + 142 =

Bilan 3

6 Effectue les opérations.

```
  3 5 2        4 2 6
+ • • •      + • • •
  -----        -----
  9 8 6        7 0 2
```

7 Stéphanie achète 6 gâteaux au chocolat à 4 € l'un.
Combien dépense-t-elle ?

8 Marie a 40 €. Combien d'albums à 8 € l'un peut-elle acheter ?

9 **a)** Avec les chiffres 4 5 3, écris tous les nombres possibles de 3 chiffres.

....

....

b) Maintenant, range-les du plus petit au plus grand.

....

....

10 Marc a dans son porte-monnaie :

Il dépense 27 €.
Cherche ce qui lui reste après son achat.

Période 4

Quinzaine 1

Quinzaine 2

Quinzaine 3

Problèmes

Ermel p. 76-79
Guide d'utilisation
p. 66

La carte géographique

■ *Sélectionner des informations.*

date : ....

1 Lis cette carte de France et réponds aux questions.

a) Quelle est la distance entre Paris et Brest ? ....

b) Par quelles villes passes-tu pour aller de Paris à Orange ? Propose 2 itinéraires différents.

....

....

c) À partir des informations données sur la carte, propose deux noms de ville à ton voisin : ....

Puis demande-lui de trouver un itinéraire.

....

....

Période 4
Quinzaine 1

date : ....

2 Lis cette carte régionale et réponds aux questions.

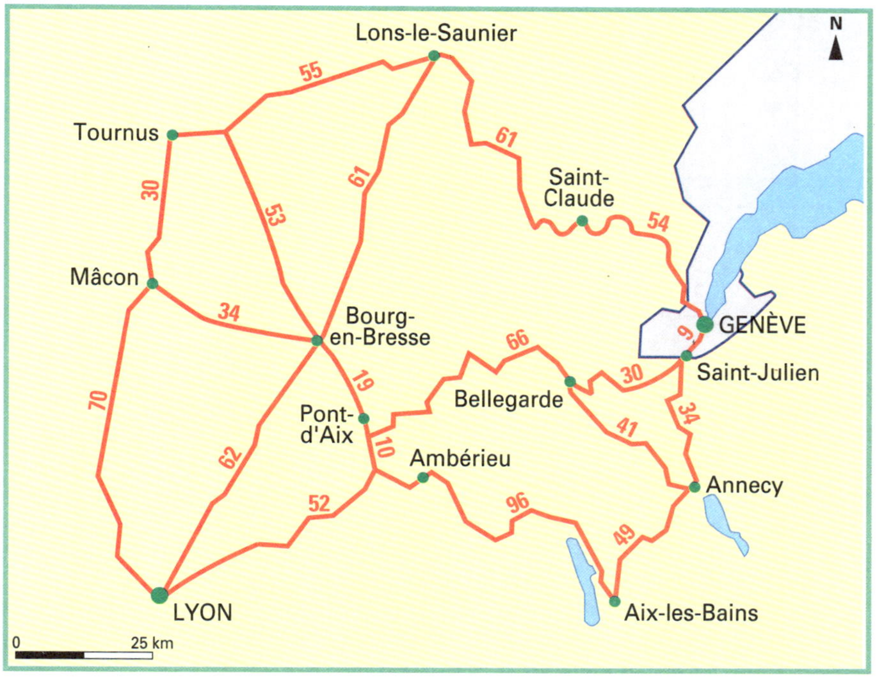

a) Entoure la ville la plus proche de Bourg-en-Bresse : Tournus – Lons-le-Saunier – Mâcon – Pont-d'Aix.

b) Repère un itinéraire possible pour aller de Genève à Lyon. Repasse-le en noir sur la carte. Puis, écris le nom des villes traversées.

....

....

c) Quel est le plus court trajet pour aller d'Annecy à Pont-d'Aix ? Justifie ta réponse.

....

....

Période 4
Quinzaine 1

Ermel p. 79
Guide d'utilisation
p. 66

La fiche horaire

■ *Sélectionner des informations.*

date : ....

1 Lis cette fiche horaire SNCF.

Numéro de train		364/5	6138/9	6425	343/2	5696/7	5692/3	6197/6	6136/7	6220/1	6208/9	54053	5285	58112/3	801	54057	57151	59253	59253	803
Notes à consulter		1	2	3	4	5	6	7	8	9	10	11	12	13	14	15	11	16	17	18
															TGV					TGV
Paris-Gare-de-Lyon	D																			06.56
Dijon-Ville	D							00.47	00.50								05.18			|
Macon-Ville	D							|	|			05.35				06.23	06.47			|
Satolas TGV	D							|	|			|				|	|			|
Lyon-Part-Dieu	D							|	|			06.29			06.45	07.28	|			|
Lyon-Perrache	D							02.45	02.50	03.32	03.49	06.36			|	07.35	07.49			|
Valence Ville	D					03.17	03.17	03.57	04.02	04.48	05.07				07.29					09.23
Avignon	D					04.46	04.46	05.12	05.13	05.57	06.07		07.15		08.24					10.23
Arles	D	03.58				05.07	05.07	|	|	06.22	06.30		08.05	08.17	|					|
Marseille-St-Charles	D	05.02	05.38	05.52	06.15	06.20	06.20	06.34	06.39	07.31	07.28			09.00	09.17			09.30	09.40	11.17
Cannes	A	07.06	07.47	08.06	08.30	08.36	08.36	08.40	08.47	09.37	09.31							11.31	11.55	
Juan-les-Pins	A	|	07.58	|	|	08.47	08.47	|	|	09.48	09.42							|	|	
Antibes	A	07.22	08.03	08.18	08.43	08.52	08.52	08.55	09.04	09.53	09.48							11.41	12.05	
Cagnes-sur-Mer	A	|	|	|	|	|	|	09.05	|	|	|							11.49	12.14	
Nice-Ville	A	07.42	08.22	08.37	09.00	09.11	09.11	09.16	09.20	10.11	10.05							12.00	12.25	

1. 2ᵉ CL certains jours- ♿.

2. Circule : jusqu'au 20 mai : les sam sauf le 12 nov;Circule les 11 nov et 25 mai- 2ᵉ CL- .

3. Circule : jusqu'au 22 mai : les lun, sam sauf les 31 oct, 12 nov, 17 avr, 1er et 8 mai;Circule les 2, 11 nov, 18 avr, 2, 9 et 25 mai- 2ᵉ CL- .

4. assuré certains jours.

5. Circule : tous les jours sauf les lun et sauf les 25 sept, 2, 12 nov, 18 avr, 2, 9 et 26 mai.

6. Circule : les lun et les 2, 12 nov, 18 avr, 2, 9 et 26 mai.

7. Circule : tous les jours sauf le 25 sept- 2ᵉ CL- 2ᵉ temporaire- - .

8. 1ʳᵉ CL certains jours- temporaire- EA. certains jours- ♿.

Nota : L'office de tourisme de Paris assure l'information touristique, la réservation hotelière, la vente de cartes : musées, transport, téléphone

9. Circule : les 1er, 8 et 15 oct;du 22 au 29 oct : les mer, jeu, ven et sam;du 30 oct au 7 nov et du 21 déc au 4 jan : tous les jours;du 24 fév au 12 mars et du 14 avr au 1er mai : les lun, ven, sam et dim;à partir du 6 mai : les sam, dim et fêtes et le 26 mai- 2ᵉ CL- .

10. Circule : jusqu'au 25 oct : tous les jours sauf les sam et sauf le 25 sept;Circule du 8 nov au 20 déc et du 5 jan au 23 fév : tous les jours;du 28 fév au 9 mars : les mar, mer et jeu;du 13 mars au 13 avr. : tous les jours;du 18 avr au 4 mai : les mar, mer et jeu;du 5 au 24 mai : tous les jours sauf les sam, dim et fêtes- 2ᵉ CL.

11. Circule : tous les jours sauf les sam, dim et fêtes.

12. Circule : tous les jours sauf les dim et fêtes- 2ᵉ CL- AUTOCAR.

13. 🚲.

14. - ♿.

15. Circule : les sam- 🚲

date : ....

2 Monsieur Roland habite à Valence. Il veut aller à Nice. Il souhaite arriver avant 10 heures, le 25 septembre.

Quels trains peut-il prendre ?
Inscris les numéros de trains possibles.

....

....

....

....

Période 4
Quinzaine 1

Ermel p. 150-154
Guide d'utilisation p. 66

Problèmes à énoncés

■ *Résoudre des problèmes additifs et soustractifs.*

date : ....

1 Alain, un élève de la classe, est né en 1986.
Quel âge a-t-il maintenant ?

....

....

2 Céline, la sœur d'un élève de la classe a 12 ans.
En quelle année est-elle née ?

....

....

3 Cédric a ramassé 72 coquillages. Claude en a ramassé 108.
Combien de coquillages Claude a-t-il en plus ?

....

....

4 Aline a invité des amis à son goûter d'anniversaire.
Lorsque tout le monde est autour de la table,
Aline compte 18 filles et 6 garçons.
Combien d'enfants sont assis autour de la table ?

....

....

Calculs additifs et soustractifs

Ermel p. 150-154
Guide d'utilisation
p. 66

5 Voici un ticket de caisse sur lequel un nombre a été effacé. Écris-le. Vérifie tes calculs.

....

....

....

Calculs additifs et soustractifs

Ermel p. 173-174, 207
Guide d'utilisation
p. 67

Calculs (cartes recto-verso, utilisation d'un catalogue de résultats)

■ *Mémoriser des résultats et savoir les utiliser.*

date : ....

1 Calcule rapidement.

25 + 100 = ...	100 + 52 = ...	........+ 100= 235
36 + 100 = ...	100 + 117=	72 + ... = 172
124 + 100 = ...	198 – 100=	219 –100 = ...

2 Calcule.

200 + 400 = ...	230 + ... = 300	600 – 300 = ...
700 + 300 = ...	230 + ... = 400	680 – 300 = ...
1 300 – 300 = ...	680 + 120 = ...	700 + 900= ....

3 **a)** Compte de 6 en 6 de 0 à 60 : ....

....

b) Compte de 6 en 6 de 120 à 172 : ....

....

Période 4
Quinzaine 1

Ermel p. 275-283
Guide d'utilisation p. 67

Les factures

■ *Faire le lien entre addition réitérée et multiplication.*

date : ....

1 Tu vas passer une commande, mais attention !
– Tu ne peux choisir qu'une seule sorte de jouet et tu dois en prendre le plus possible.
– Ta commande ne doit pas dépasser 200 €.
– Tu dois calculer ce qui te restera après l'achat.

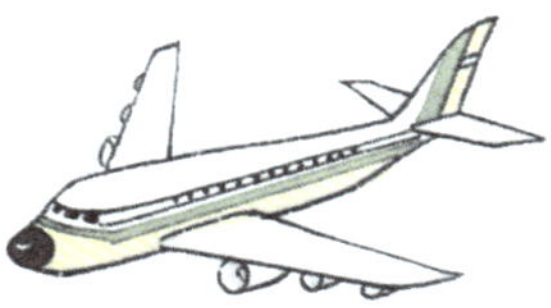
Avion : 28 €

Ours en peluche : 29 €

Poupée : 33 €

Voiture : 25 €

Maquette : 27 €

a) Remplis ton bon de commande.

Bon de commande
J'ai .... euros.
Je commande : .... à .... € l'un.
Je dépense : ....
Il me reste : ....

b) Note tes calculs (avec ou sans calculette).

....

....

....

Ermel p. 275-283
Guide d'utilisation p. 67

date : ....

2 Tu vas passer une commande, mais attention !
– Tu ne peux choisir qu'une seule sorte d'objet et tu dois en prendre le plus possible.
– Ta commande ne doit pas dépasser ....
– Tu dois calculer ce qui te restera après l'achat.

Téléphone : 60 €

CD-rom : 57 €

Dictionnaire : 45 €

Calculette : 25 €

a) Remplis ton bon de commande.

Bon de commande
J'ai .... euros.
Je commande : .... à .... € l'un.
Je dépense : ....
Il me reste : ....

b) Note tes calculs (avec ou sans calculette).

....

....

....

Connaître les nombres

Ermel p. 381-383
Guide d'utilisation p. 68

Le plus près

■ *Situer les nombres les uns par rapport aux autres.*

date : ....

1 Pour chaque nombre en bleu, entoure le nombre qui est le plus près dans la suite des nombres.

300	168 ou 315	250	230 ou 280
400	350 ou 410	600	354 ou 636
250	215 ou 265	200	178 ou 205

2 Écris le signe qui convient > ou < ou =.

487 387	100 + 70 ...... 50 + 50 + 50 + 20
517 477	908 ...... 700 + 218

3 Complète avec un nombre qui convient.

60 >	200 > ....
98 <	184 < ....
...... > 77	100 + 34 > ....
132 >	200 + 50 + 3 < ....

4 Écris les nombres du plus petit au plus grand.

234 - 814 - 432 - 324 - 184 - 243

....

....

Période 4
Quinzaine 1

Ermel p. 422
Guide d'utilisation p. 68

Les mesures

■ *Calculer sur les longueurs.*

date : ....

1 Calcule la moitié des longueurs suivantes.

14 cm :	10 cm et 8 mm : ....
30 cm :	12 cm et 6 mm : ....
15 cm :	9 cm : ....

2 Pierre et Paul font chacun une banderole.
– Pierre a cousu bout à bout : 20 cm de bande bleue, 40 cm de bande rouge, 15 cm de bande verte et 18 cm de bande orange.
– Paul a cousu bout à bout : 22 cm de bande bleue, 38 cm de bande rouge, 18 cm de bande verte et 17 cm de bande orange.

Qui a la plus grande banderole ?

....

....

....

3 Complète.

80 cm + ... = 1 m	4 mm + ... = 1 cm
30 cm + ... = 1 m	.... + 7 mm = 1 cm
.... + 25 cm = 1 m	7 cm 5 mm + ... = 8 cm
2 mm + ... = 1 cm	25 cm + ... = 30 cm 6 mm

Problèmes

Ermel p. 80-82
Guide d'utilisation p. 72

Thomas dans un grand magasin

■ *Savoir poser des questions pertinentes et savoir trier les informations.*

date : ....

a) Lis cet énoncé.

Thomas entre dans un grand magasin. Il est 9 h.
Il a reçu 86 € et décide de les dépenser.
Il choisit des voitures de collection.
Le prix est marqué : 12 € la voiture.
La caissière lui demande 36 €.
Au rayon des jeux de construction, Thomas achète une boîte de Lego à 25 €.
Il regarde ensuite le prix des sachets de billes.
Un sachet coûte 4 €, il en choisit 5.
Il sort. À la pendule du magasin, il est 9 h 45.
Il se dépêche et arrive chez lui à 10 h.

b) Écris une ou plusieurs questions auxquelles tu peux répondre en faisant un ou des calculs.

date : ....

c) Cherche avec tes camarades la réponse à la question suivante : combien Thomas a-t-il dépensé en tout ?

Période 4
Quinzaine 2

Problèmes

Ermel p. 82-84
Guide d'utilisation
p.72

Zoo 2

■ *Savoir poser des questions pertinentes et savoir trier les informations.*

date : ....

a) Lis cet énoncé.

Dimanche, monsieur et madame Dupont ont décidé d'aller au zoo avec leurs 2 filles et leurs 3 garçons.
Ils partent de bonne heure car le zoo ouvre à 9 heures.
Pour le repas, madame Dupont a préparé un pique-nique.
Elle a acheté des chips à 4 €, du jambon pour 8 €, du pain pour 2 € et des fruits pour 6 €.
Arrivés au zoo, ils lisent les affiches ci-contre.

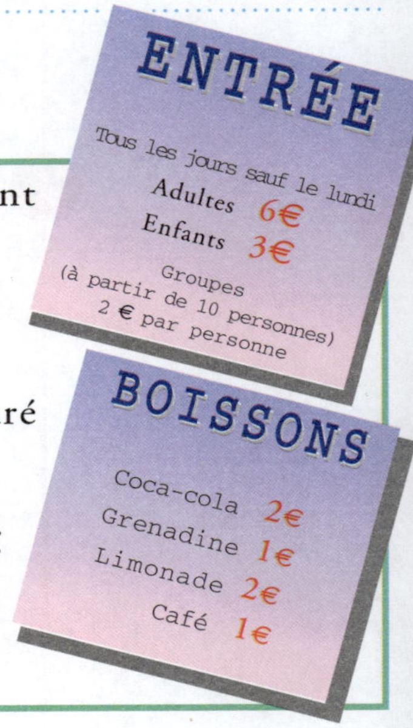

b) Réponds en mettant une croix dans la bonne case.

	Je peux répondre : la réponse est dans le texte	Je peux répondre en faisant un calcul	Je ne peux pas répondre
À quelle heure les Dupont vont-ils rentrer chez eux ?			
Combien vont-ils payer pour entrer au zoo ?			
Combien madame Dupont a-t-elle dépensé pour le pique-nique ?			
Quel est le prix des fruits ?			
À quelle heure ferme le zoo ?			
Combien vont-ils dépenser pour les boissons ?			
Est-ce que le zoo est ouvert tous les jours ?			

c) Combien madame Dupont a-t-elle dépensé pour le pique-nique ?

....

Période 4
Quinzaine 2

Ermel p. 150-154
Guide d'utilisation p. 72

Problèmes à énoncés

■ *Résoudre des problèmes additifs et soustractifs.*

date : ....

1 Un enfant est né en 1983.

a) En quelle année aura-t-il 15 ans ?

....

....

b) En quelle année aura-t-il 20 ans ?

....

....

2 Monsieur Durand est né en 1935.

Quel âge a-t-il maintenant ?

....

....

3 Laurent et Denis ont ramassé des coquillages.
Denis en a ramassé 92. Il en a 45 de plus que Laurent.

Combien de coquillages Laurent a-t-il ramassés ?

....

....

Calculs additifs et soustractifs

Ermel p. 150-154
Guide d'utilisation p. 72

4 Christophe regarde le parking de sa résidence.
Il y a trente-six voitures : des noires et huit rouges.

Combien y a-t-il de voitures noires ?

....

....

5 Entre Paris et Lyon, un automobiliste voit ces panneaux.

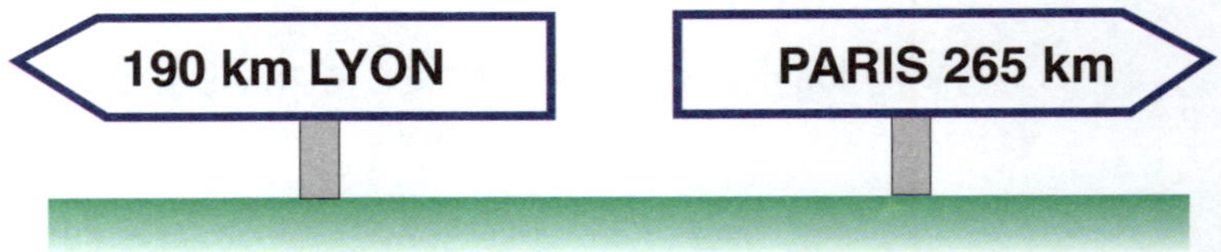

Trouve la distance entre Paris et Lyon.

....

Calculs additifs et soustractifs

Ermel p. 176-177
Guide d'utilisation p. 72

Le tournoi de calcul

■ *Mémoriser des résultats et savoir les utiliser.*

date : ....

Calcule.

130 + ... = 200	330 – .... = 300
820 + ... = 900	450 – .... = 400
740 + ... = 800	510 – .... = 500
660 + ... = 700	570 – .... = 500
100 – .... = 90	400 – .... = 370
700 – .... = 640	800 – .... = 730

Ermel p. 292
Guide d'utilisation p. 73

La calculette

■ *Calculer le plus rapidement possible des sommes.*

date : ....

1 Transforme les additions et utilise ta calculette pour trouver le résultat.

25 + 25 + 25 + 25 = ...

121 + 121 + 121 = ...

15 + 15 + 15 + 15 + 15 + 15 = ...

2 Transforme les additions en utilisant les signes x et +.
Puis trouve le résultat à l'aide de ta calculette.

12 + 12 + 21 + 21 + 21 = ...

....

13 + 13 + 17 + 13 + 17 + 17 + 13 = ...

....

22 + 38 + 42 + 42 + 42 + 38 + 22 + 22 + 22 = ...

....

3 Transforme les produits en utilisant le signe +.
Puis calcule le résultat à l'aide de ta calculette.

4 x 135 = ...

7 x 72 = ...

36 x 3 = ...

(4 x 32) + (3 x 29) = ...

Calculs multiplicatifs et de division

Ermel p. 293-294
Guide d'utilisation p. 73

Vers l'algorithme de la multiplication

■ *Savoir utiliser la technique de la multiplication.*

date : ……………………………………

1 Calcule.

4 x 4 = ……	8 x 5 = ……	6 x 4 = ……
7 x 3 = ……	3 x 2 = ……	3 x 8 = ……
6 x 2 = ……	5 x 3 = ……	7 x 3 = ……
3 x 3 = ……	5 x 5 = ……	6 x 6 = ……

2 Effectue les multiplications.

```
  4 2        5 3
x   2      x   3
-----      -----

  3 2 5      2 3 4
x     4    x     2
-------    -------

  4 0 8      5 3 6
x     4    x     5
-------    -------
```

Période 4
Quinzaine 2

Ermel p. 393
Guide d'utilisation p. 73

Le compte est bon

■ *Établir des relations entre les nombres pour calculer.*

date : ....

1 **a)** Lis la règle du jeu.

RÈGLE DU JEU

Matériel

– 5 cartons avec des nombres affichables
– un nombre-cible donné par le maître

Déroulement

Toute la classe participe à ce jeu.

En utilisant l'addition, la soustraction et la multiplication, chaque joueur doit atteindre le nombre-cible ou s'en approcher le plus possible.
Le joueur n'est pas obligé d'utiliser tous les nombres, mais il ne peut pas prendre le même carton plusieurs fois.
Le joueur note ses calculs qui seront vérifiés par la classe.
Le temps est limité et le joueur n'a pas droit à la calculette.

Le premier qui a trouvé le nombre-cible a gagné.

b) Le maître va te faire jouer avec tes camarades.

date : ....

2 Dans une partie du compte est bon :

– le nombre-cible est : 245

– les cartons tirés sont : 4 25 50 30 10

Note tes calculs pour atteindre la cible.

Problèmes

Ermel p. 84-86
Guide d'utilisation p. 76

Le voyage en avion

■ *Savoir trier les informations utiles pour répondre à une question.*

date : ....

1 Lis cet énoncé.

Tous les jours, un avion part de Paris pour aller à Tokyo.
Il peut transporter 400 passagers.
Aujourd'hui, il part avec un quart d'heure de retard,
225 passagers sont à bord. Il y a aussi 10 hôtesses, le pilote et le mécanicien.
L'avion s'arrête pendant une heure à Bombay en Inde :
75 passagers descendent et 24 autres montent dans l'avion.
L'arrêt suivant est Singapour : 34 passagers quittent l'avion et 142 passagers montent.
Arrivés à Tokyo, après 3 heures de vol, tous les passagers débarquent.

Combien de personnes y a-t-il dans l'avion à l'arrivée ?

Période 4
Quinzaine 3

date : ....

2 Lis cet énoncé.

Sortie en autobus

Aujourd'hui, les élèves d'une classe vont au parc en autobus.
À 14 heures, ils prennent l'autobus 43 à l'arrêt de la Mairie.
Il y a 25 élèves accompagnés par leur maîtresse.
Dans l'autobus, il y a déjà 32 personnes et le conducteur.
À l'arrêt « Le Stade », 15 personnes descendent
et 23 montent.
Enfin, l'autobus arrive au parc et tout le monde descend.
C'est le terminus. Il est 15 h 30.

Combien de personnes descendent au terminus ?

Période 4
Quinzaine 3

Ermel p. 84-86
Guide d'utilisation p. 76

date : ....

3 Lis cet énoncé.

Le TGV

Chaque jour, plusieurs trains vont de Marseille à Paris.
Le train qui part à 8 heures est un TGV.
Il peut transporter 600 voyageurs.
Aujourd'hui, il part avec 10 minutes de retard.
Au départ, 250 personnes montent dans le train.
Il y a aussi le conducteur et deux contrôleurs.
Le train s'arrête 5 minutes à Lyon.
85 passagers descendent du train et 132 autres passagers montent dans le train.

Combien de personnes y a-t-il dans le train à son arrivée à Paris ?

Problèmes à énoncés

■ *Résoudre des problèmes additifs et soustractifs.*

date : ....

1 La grand-mère de monsieur Plume est née en 1865.
Quel était son âge en 1900 ?

....

....

2 En 1910, le grand-père de madame Lebon avait 35 ans.
En quelle année est-il né ?

....

....

3 Julie a ramassé 67 coquillages. Luc en a ramassé 99.
Combien de coquillages Luc a-t-il en plus ?

....

....

4 Monsieur Bricolo veut poser des carreaux dans sa cuisine.
Il lui faut 440 carreaux, des bleus et des noirs.
Il a déjà acheté tous les carreaux noirs : il y en a 68.
Il a aussi acheté 110 carreaux bleus.
Combien de carreaux bleus doit-il encore acheter ?

....

....

Calculs additifs et soustractifs

Ermel p. 202-204
Guide d'utilisation
p. 76

Le jeu de la cible

(la cible des centaines)

■ *Étendre le répertoire additif aux multiples de 100.*

date : ....

1 Choisis 3 cartes pour atteindre la cible.
Il peut y avoir plusieurs solutions.

Cible	Cartes
500	100 - 200 - 300 - 100 - 400 - 200
700	100 - 200 - 400 - 300 - 500 - 100
900	200 - 100 - 500 - 300 - 400 - 200 - 600

Écris tes calculs.

....

....

....

....

2 La 1re et la 2e cartes ont été choisies. Entoure la 3e carte.

Cible	1re carte	2e carte	3e carte
600	200	200	400 - 500 - 100 - 300 - 200
1 000	100	300	100 - 200 - 900 - 300 - 500
800	100	500	100 - 300 - 200 - 500 - 400
900	300	200	400 - 100 - 300 - 200 - 100

Période 4
Quinzaine 3

Ermel p. 292
Guide d'utilisation p. 77

Combien au plus ?

■ *Savoir utiliser la multiplication pour résoudre un problème divisif.*

date : ....

1 Lis cet énoncé.

Les microscopes

Le directeur de l'école veut acheter le plus possible de microscopes à 63 € l'un. Il a 400 €.
Combien de microscopes peut-il acheter ?
Fais ta recherche sans calculette.

date : ....

2 Lis cet énoncé.

Les livres

La bibliothécaire veut acheter le plus possible d'encyclopédies à 48 € l'une.
Elle possède 1 000 €.

Combien d'encyclopédies va-t-elle acheter ?
Précise si tu as utilisé la calculette.

Calculs multiplicatifs et de division

Ermel p. 292-293
Guide d'utilisation
p. 77

Trouvez l'intrus !

■ *Connaître plusieurs écritures multiplicatives d'un même nombre.*

date : ....

1 Trouve l'écriture qui ne va pas avec les autres. Barre-la.

a) 3 x 8 | 6 x 4 | 9 x 2 | 4 x 6 | 2 x 12

b) 20 x 2 | 5 x 9 | 5 x 8 | 10 x 4 | 40 x 1

c) 6 x 10 | 3 x 20 | 4 x 15 | 2 x 30 | 3 x 30

2 Voici des assemblages de cubes vus de dessus.
Ils ont tous le même nombre de cubes, sauf un.

Trouve-le. Explique pourquoi par un calcul.

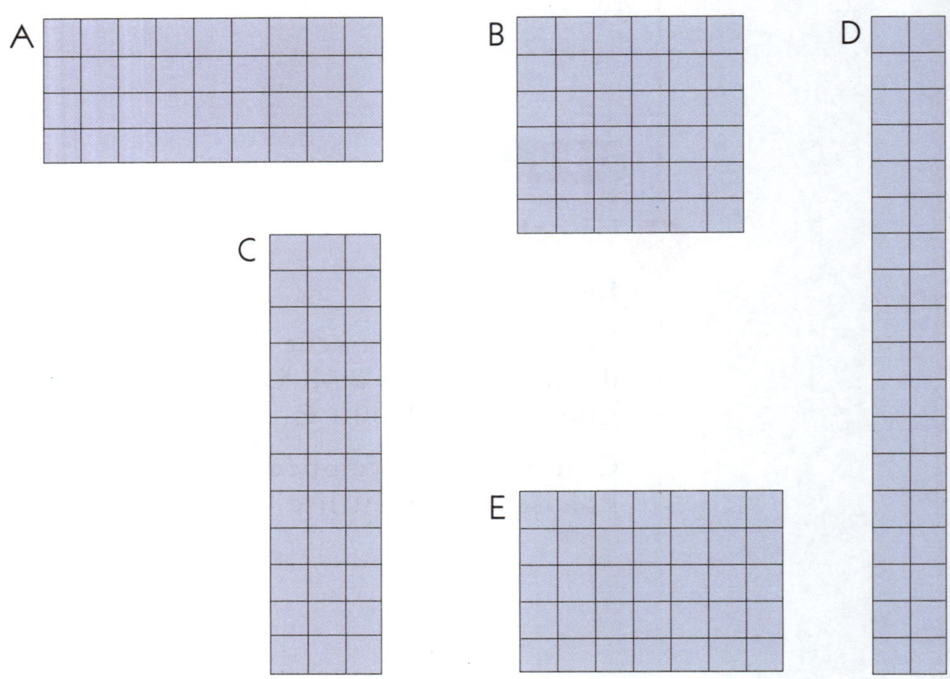

A : ....

B : ....

C : ....

D : ....

E : ....

Période 4
Quinzaine 3

Connaître les nombres

Ermel p. 394
Guide d'utilisation p. 77

25, 50, 75

■ *Connaître les multiples de 25.*

date : ....

a) Lis la règle du jeu.

RÈGLE DU JEU

Matériel

– 4 dés marqués 25, 25, 25, 50, 50, 75
– une grille de jeu

Déroulement

Une partie se joue à 4.
Elle se déroule en 5 tours.

À chaque tour, chaque joueur lance les 4 dés.
Il doit alors chercher à totaliser 100, 200 ou 300 en additionnant les points des dés :
– s'il totalise 100, le joueur gagne 1 point ;
– s'il totalise 200, le joueur gagne 2 points ;
– s'il totalise 300, le joueur gagne 3 points.
À chaque tour, le joueur note ses points sur sa grille.

Celui qui a le plus de points a gagné.

b) À toi de jouer !

	1er dé	2e dé	3e dé	4e dé	5e dé	Résultat	Points
1er tour							
2e tour							
3e tour							
4e tour							
5e tour							
TOTAL							

Période 4
Quinzaine 3

Connaître les nombres

Ermel p. 394
Guide d'utilisation p. 77

Calculs

■ *Utiliser ses connaissances sur les nombres.*

date : ....

1 Dans la case de droite, écris le double du nombre de gauche.

10	......	12	......	25	......	50	......
75	......	50	......	125	......	31	......

2 Colorie ce qui est égal à 100.

45 + 55 | 50 + 25 + 25 | 130 – 40 | 10 x 10

75 + 25 + 25 | 1 000 – 0 | 70 + 30

99 x 1 | 50 x 2

3 Continue.

125 - 250 - 500 - .... - .... - .... - .... - .... - ....

25 - 50 - 100 - .... - .... - .... - .... - .... - ....

4 Dans la case de droite, écris la moitié du nombre de gauche.

40	......	36	......	50	......	44	......
100	......	62	......	70	......		

Période 4
Quinzaine 3

Bilan 4

1 Aujourd'hui, la maman de François a 37 ans.

Quelle est son année de naissance ?

2 La maîtresse dit : « Quand je suis arrivée, le compteur de la photocopieuse marquait 529. J'ai fait 36 photocopies.

Que marque le compteur maintenant ? »

3 Pierre a ramassé 84 marrons. Claude en a ramassé 124.

Combien de marrons Claude a-t-il en plus ?

4 Un autobus arrive à l'arrêt du Conservatoire.
Il y a déjà 35 personnes assises.
15 autres personnes montent.
À l'arrêt suivant, 12 personnes descendent.

Combien de personnes y a-t-il maintenant dans l'autobus ?

5 En 1920, la grand-mère de monsieur Duval avait 45 ans.

En quelle année est-elle née ?

Bilan 4

6 Calcule rapidement.

a) 24 + 100 = ...

72 + 100 = ...

100 + 53 = ...

100 + ... = 107

322 – 100 = ...

b) 200 + 300 = ...

800 + 200 = ...

200 + ... = 600

330 + ... = 700

570 – .... = 500

7 Effectue les conversions.

7 cm = ... mm

15 cm = ... mm

1 m = ... cm

4 cm et 8 mm = ... mm

8 Calcule.

5 x 2 = ...	3 x 5 = ...
6 x 5 = ...	3 x 4 = ...
10 x 4 = ...	7 x 3 = ...
6 x 6 = ...	10 x 5 = ...
5 x 4 = ...	6 x 4 = ...

9 Pose et effectue.

63 x 3 =

321 x 3 =

415 x 2 =

305 x 5 =

10 Compte de 25 en 25 de 0 à 200.

....

....

Période 5

Quinzaine 1

Quinzaine 2

Quinzaine 3

Problèmes

Ermel p. 91
Guide d'utilisation
p. 82

Les partages

■ *Faire des essais et les contrôler.*

date : ....

1 Lis cet énoncé.

Sophie a 78 images.
Elle veut les partager en 3 paquets égaux.

Combien d'images y aura-t-il dans chaque paquet ?

date : ....

2 Lis cet énoncé.

Marc a 132 bonbons.
Il veut les partager équitablement entre ses 4 amis.

Combien de bonbons va-t-il donner à chacun ?

Période 5
Quinzaine 1

date :

3 Lis cet énoncé.

Quatre enfants ont des billes :
– Paul a 24 billes ;
– Pierre a 44 billes ;
– Jean a 30 billes ;
– Luc a 26 billes.
Ils veulent se les partager pour que chacun en ait autant.

Combien de billes aura chaque enfant ?

Calculs additifs et soustractifs

Ermel p. 157-158
Guide d'utilisation p. 82

La boîte jaune

■ *Résoudre des problèmes additifs et soustractifs.*

date : ……………………………………………………

1 Complète le tableau.

+8

Nombre de départ	Nombre d'arrivée
12	……
15	……
……	48
……	79
108	……

……

2 Sonia a mis des cubes dans une boîte. Elle en a ajouté 45. Maintenant, elle a 87 cubes.

Combien de cubes avait-elle au début ?

……………………………………………………

……………………………………………………

3 Décompte de 10 en 10 de 283 à 213.

……………………………………………………

……………………………………………………

4 Je pense à un nombre. Je lui ajoute 42.
Je trouve 154.

Quel est ce nombre ? ……

Période 5
Quinzaine 1

Calculs multiplicatifs et de division

Ermel p. 283-286
Guide d'utilisation p. 82

Les nombres rectangulaires

■ *Utiliser la commutativité de la multiplication.*

date : ....

1 Trace en rouge 4 rectangles différents de 72 carreaux chacun.

2 À partir de ce répertoire, calcule rapidement les produits suivants.

Répertoire
12 x 2 = 24
12 x 3 = 36
12 x 6 = 72
12 x 10 = 120

12 x 5 = ...

12 x 7 = ...

12 x 12 = ...

12 x 16 = ...

Période 5
Quinzaine 1

Problèmes

Ermel p. 96-97
Guide d'utilisation
p. 86

Les aimants

■ *Faire des essais et les contrôler.*

date : ....

Lis cet énoncé.

La maîtresse veut afficher des images dans la classe.
Pour les petites images, elle a besoin de 4 aimants.
Pour les grandes images, elle a besoin de 6 aimants.
La maîtresse dispose de 36 aimants.

Combien de grandes et de petites images la maîtresse peut-elle afficher ?

Période 5
Quinzaine 2

Le restaurant

■ *Faire des essais et les contrôler.*

date : ....

1 Lis cet énoncé.

Au restaurant du Moulin Bleu, on sert à midi 2 sortes de repas :
– l'un à 40 € tout compris ;
– l'autre à 60 € tout compris.
Mardi, après le départ des clients, le caissier fait ses comptes. Il a 520 € dans la caisse.

Combien de repas ont été servis ce jour-là ?

date : ....

2 Lis cet énoncé.

Au restaurant du Moulin Bleu, on sert à midi 2 sortes de repas :
– l'un à 40 € tout compris ;
– l'autre à 60 € tout compris.
Mardi, après le départ des clients, le caissier fait ses comptes. Il a 900 € dans la caisse.

Combien de repas ont été servis ce jour-là ?

Calculs additifs et soustractifs

Ermel p. 159, 199, 238
Guide d'utilisation p. 86

Calculs (piste graduée, jeux de mariage, droite numérique)

■ *Savoir calculer.*

date : ....

1 Colorie en rouge les cases égales à 400, 500, 600 pour aider Mélanie à atteindre le gâteau.

2 Quel est l'écart entre 135 et 162 ?

....

....

3 Pierre joue au jeu de la piste. Il tire le carton 35.
Il arrive sur la case 215.

Quel est le numéro de sa case de départ ?

....

....

Période 5
Quinzaine 2

4 Il a 15 dizaines et 7 unités.

Quel est ce nombre ? ....

....

5 Il est compris entre 300 et 400.
Son chiffre des dizaines est la moitié de dix.
Son chiffre des unités est égal à 2 x 2.

Quel est ce nombre ? ....

....

Calculs multiplicatifs et de division

Ermel p. 294
Guide d'utilisation p. 87

Opération puzzle

■ *Connaître la technique de la multiplication.*

date : ....

1 La multiplication est en morceaux. Remets-la dans l'ordre.

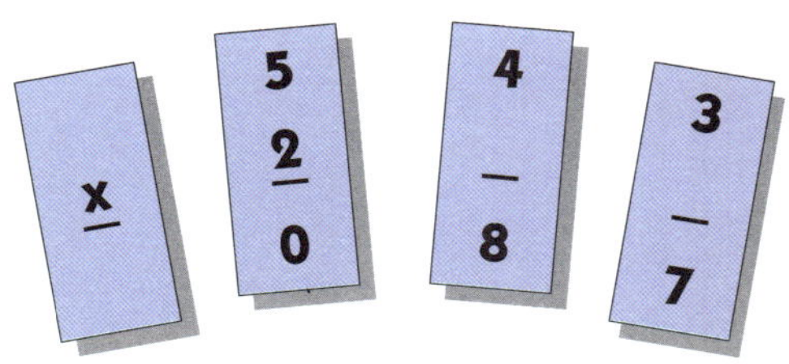

Période 5
Quinzaine 2

Ermel p. 294
Guide d'utilisation p. 87

2 La multiplication est en morceaux. Remets-la dans l'ordre.

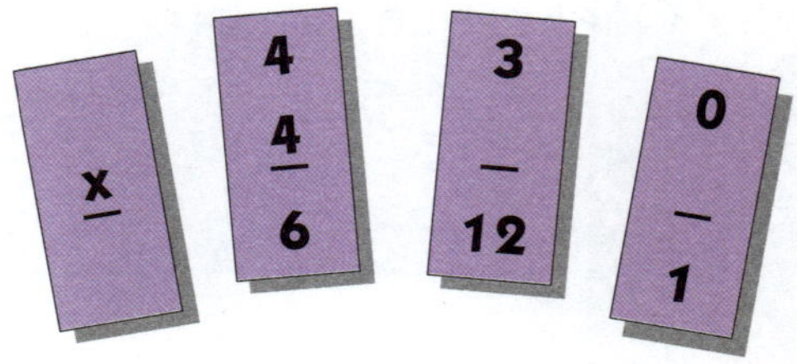

3 Mathieu achète 123 sacs de billes à 3 € l'un.
Combien dépense-t-il ?

....

....

....

....

4 Effectue ces produits.

7 x 10 = ...	6 x 10 = ...	10 x 4 = ...
10 x 5 = ...	12 x 10 = ...	20 x 10 = ...
18 x 10 = ...	10 x 45 = ...	204 x 10 = ...
10 x 10 = ...	10 x 40 = ...	10 x .... = 70

Période 5
Quinzaine 2

5 Colorie :

- en bleu les produits qui font 36.
- en vert clair les produits qui font 24.
- en vert foncé les produits qui font 30.
- en jaune les produits qui font 48.
- en rouge les produits qui font 25.

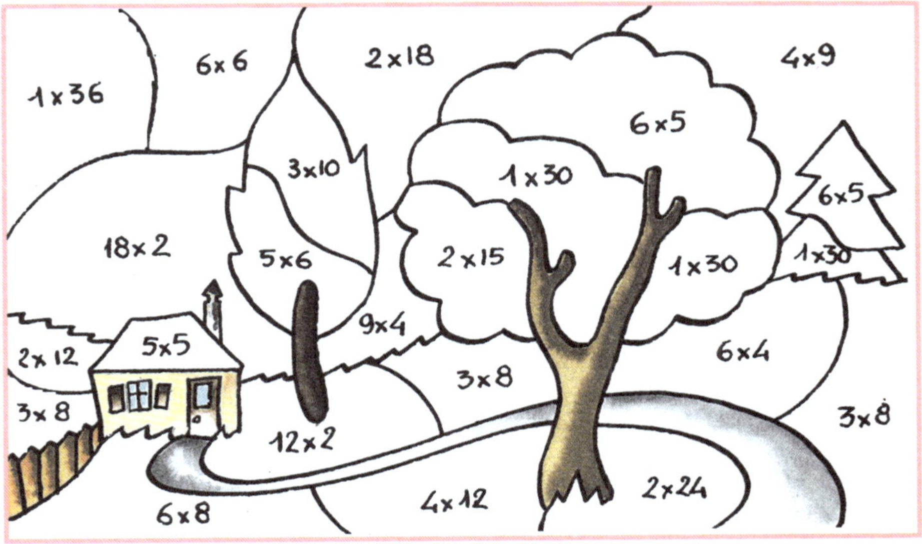

6 La maîtresse a acheté 28 pochettes de 24 feutres à 6 € la pochette.

Combien a-t-elle dépensé ?

Période 5
Quinzaine 2

Connaître les nombres

Ermel p. 354-357
Guide d'utilisation
p. 87

Les cahiers

■ *Savoir extraire le nombre de dizaines, de centaines d'un nombre.*

date : ....

1 Le maître a commandé 3 paquets de 10 cahiers pour sa classe.

Combien de cahiers a-t-il en tout ?

....

....

2 Le directeur a commandé 2 cartons de 100 cahiers et 5 paquets de 10 cahiers pour l'école.

Combien de cahiers a-t-il en tout ?

....

....

3 Les timbres sont vendus par carnets de 10 timbres.

Pour avoir 250 timbres, combien de carnets faut-il acheter ?

....

....

4 Le directeur de l'école a 18 timbres.
Il achète encore 3 carnets de 10 timbres.

Combien d'enveloppes pourra-t-il timbrer ?

....

....

Période 5
Quinzaine 2

Connaître
les nombres

Ermel p. 418-419
Guide d'utilisation
p. 87

La monnaie

■ *Savoir lire et manipuler des écritures liées à la monnaie.*

date : ....

1 Pierre a cassé sa tirelire.
Compte combien d'argent il a : ....

2 Anne paie sa nouvelle console avec les pièces et billets suivants :

- 6 billets de 10 €
- 10 billets de 5 €
- 8 pièces de 2 €
- 9 pièces de 1 €
- 6 pièces de 50 c.

Calcule le prix de cette console de jeux.

Période 5
Quinzaine 2

Problèmes

Ermel p. 98
Guide d'utilisation
p. 90

Le thé des maîtresses

■ *Décomposer un problème en sous-problème.*

date : ....

Lis cet énoncé.

Chaque jour, les maîtresses de l'école utilisent 14 morceaux de sucre pour le thé qu'elles boivent pendant la récréation.

Combien de jours va durer la boîte de sucre ?

Période 5
Quinzaine 3

Ermel p. 161
Guide d'utilisation p. 90

Problèmes à énoncés

■ *Résoudre des problèmes additifs et soustractifs.*

date : ....

1 Un automobiliste prend l'autoroute pour aller de Paris au Mans en passant par Chartres. Un premier panneau lui indique la distance Paris-Chartres : 97 km.
Puis un deuxième panneau lui indique la distance Chartres-Le Mans : 107 km.

Quelle est la distance de Paris au Mans ?

....

....

2 Jérémy arrive à l'école, le matin, avec un sac de billes. Il ne sait pas combien il en a. Pendant la journée, il fait plusieurs parties de billes. Il en perd 15.
Le soir, il compte ses billes. Il en a 47.

Combien de billes avait-il dans son sac, le matin, en arrivant à l'école ?

....

....

3 Aurélie a rangé des images dans une boîte.
Elle ne sait pas combien. Elle en colle 27 dans son album, puis elle compte les images qui restent dans la boîte.
Il y en a maintenant 15.

Combien d'images y avait-il dans la boîte ?

....

....

Guide d'utilisation
p. 90

Problèmes multiplicatifs

■ *Résoudre des problèmes.*

date : ....

1 Dans un club de rugby, il y a 5 équipes de 13 joueurs.

Combien de joueurs y a-t-il dans ce club ?

....

....

2 Éric veut commander : 6 cassettes à 23 € l'une, 1 téléviseur à 426 € et 12 bandes dessinées à 8 € l'une. Il a 700 €.

a) Aide-le à remplir ce bon de commande.

Article	Nombre	Prix à l'unité	Prix total
		Total de la commande	

b) Restera-t-il de l'argent à Éric après sa commande ?

....

....

....

....

Connaître les nombres

Ermel p. 357-361
Guide d'utilisation p. 91

Les «louches trouées»

■ *Utiliser le vocabulaire : unités, dizaines, centaines.*

date : ....

1 Voici des nombres :

341 28 2137 234
3245 157 1354 35
1230 202 2364

a) Colorie en bleu les nombres qui ont 2 comme chiffre des centaines.

b) Colorie en rouge les nombres qui ont à la fois 3 comme chiffre des centaines et 4 comme chiffre des unités.

2 Écris plusieurs nombres dont le chiffre des unités est 6 et dont le chiffre des centaines est 3.

....

....

3 Voici un nombre : 257

Ajoute-lui 2 dizaines.

Écris le nombre obtenu : ....

....

4 Utilise ces 3 étiquettes pour trouver un nombre.

15 dizaines | 21 unités | 3 centaines

Période 5
Quinzaine 3

Connaître les nombres

Ermel p. 422-424
Guide d'utilisation p. 91

Les mesures

■ *Se représenter des longueurs.*

date : ....

1 Colorie la réponse qui te semble possible.

La Tour Eiffel mesure : 2 km | 1000 m | 300 m

Une fourchette mesure : 20 cm | 40 cm | 7 cm

Une craie neuve mesure : 5 cm | 10 cm | 14 cm

La largeur d'un timbre est de : 1 cm | 2 cm | 5 cm | 8 cm

2 **a)** Quel est l'objet dessiné le plus long ?

b) Quel est l'objet dessiné le moins long ?

Écris tes réponses.

....

....

Période 5
Quinzaine 3

Bilan 5

1 Maryne a 200 € dans son porte-monnaie.
Elle achète 3 albums photos à 12 € l'un, un sac à dos à 25 € et une encyclopédie qui coûte 75 €.

Combien d'argent lui restera-t-il après tous ses achats ?

2 Effectue les additions.

$364 + 421 + 36 =$

$629 + 258 =$

3 4 2 6 + ... = 7 9 6 8

4 2 0 8 + ... = 5 0 3 4

3 Effectue les multiplications.

$436 \times 3 =$

$257 \times 5 =$

4 **a)** Il a 12 dizaines et 3 unités.
Quel est ce nombre ?

b) Il a 8 dizaines et 25 unités.
Quel est ce nombre ?

Bilan 5

5 Range les nombres suivants du plus petit au plus grand.

482 - 284 - 480 - 804 - 334

....

6 Écris le signe qui convient < ou > ou =.

432 342

3 x 5 20

400 + 60 406

275 ...... 100 + 100 + 60 + 15

708 ...... 600 + 100 + 10

80 ...... 40 x 2

7 Écris en lettres.

205 : ....

72 : ....

81 : ....

1 013 : ....

900 : ....

8 Dictée de nombres.

9 Écris le nombre qui vient juste avant et celui qui vient juste après.

......	100	......
......	280	......
......	459	......

10 Utilise ces 3 étiquettes pour retrouver le nombre.

18 dizaines

36 unités

5 centaines

....

....

Achevé d'imprimer par I.M.E. - 25110 Baume-les-Dames - France
Dépôt légal : 73504-2/13 - Mars 2012